Anonymous

Neapel und Sizilien - ein Auszug aus dem groben und kostbaren Werte

3. Teil

Anonymous

Neapel und Sizilien - ein Auszug aus dem groben und kostbaren Werte
3. Teil

ISBN/EAN: 9783743451155

Hergestellt in Europa, USA, Kanada, Australien, Japan

Cover: Foto ©ninafisch / pixelio.de

Manufactured and distributed by brebook publishing software (www.brebook.com)

Anonymous

Neapel und Sizilien - ein Auszug aus dem groben und kostbaren Werte

Neapel und Sizilien.

Ein Auszug

aus dem großen und kostbaren Werke:

Voyage pittoresque de Naples et Sicile
de Mr. de Non.

Mit Kupfern.

Dritter Theil.

Gotha,
bey Carl Wilhelm Ettinger,
1794.

Seiner

Hochgebohrnen Excellenz,

dem

Hochfürstlich Brandenburg = Anspach = Bayreuthischen Geheimen Staats = Minister und Regierungs = Präsidenten, auch Landrichter des Kayserlichen Landgerichts Burggrafthums Nürnberg.

Freyherrn von Wechmar,

Erbherren auf Roßdorf und Helmershausen rc.

,

gewidmet.

Hochgebohrner Freyherr,

gnädiger Herr Geheime Minister und Regierungs-Präsident!

Ew. Hochfreyherrl. Excellenz verzeihen gnädig, daß ich erst jetzt mich einer Pflicht entledige, die ich schon bey dem ersten Bande dieses Werkchens erfüllt haben würde, wenn ich den Trieben meines Herzens hätte folgen dürfen, und mich nicht eine gewisse Schüchternheit bestimmt hätte, zuvor die Aufnahme desselben bey dem Publikum und seinen ungehinderten Fortgang abzuwarten.

Es ist dieß die süße Pflicht, Ew. Hochfreyherrl. Excellenz die Gefühle meiner ungeheuchelten Dankbarkeit öffentlich darzulegen.

Ich durfte, um die Menge von Gegenständen, die mich dazu auffordern, nicht zu berühren, hier nur des einzigen Umstandes erwähnen, daß ich hauptsächlich Ew. Hochfreyherrl. Excellenz hoher und väterlicher Leitung der Ausbildung derjenigen Fähigkeiten verdanke, die mir in meinem gegenwärtigen Geschäftskreise so unentbehrlich sind, folglich das Glück meines Lebens ma-

chen;

chen; allein auch die Fortdauer jener Gewogenheits vollen Gesinnungen, die gnädige Erlaubniß, das in Höchstdero Bibliothek befindliche kostbare, und in Deutschlandes Privatbibliotheken so seltene Original dieser malerischen Reise zum Behuf meiner Uebersetzung und der dazu gehörigen Zeichnungen benützen zu dürfen, ist es, was nicht allein meine tiefe Verehrung, sondern auch den wesentlichen Dank des vaterländischen Publikums zur Folge haben muß.

Die Wichtigkeit des Werkes wächst mit jedem neuen Fortschritte, und ich würde mich selbst des Undanks beschuldigen müssen, wenn ich es nicht gegenwärtig noch wagte, Ew. Hochfreyherrl. Excellenz diese an sich freylich noch unvollkommene Arbeit unterthänig zu widmen.

Die Absicht meiner Zueignung geruhen Hochdieselben, das weiß ich, gnädig aufzunehmen, und ich schließe daher mit der Versicherung der vollkommensten Verehrung, mit welcher ich stets bin,

Ew. Hochfreyherrl. Excellenz,

Anspach, den 4. Februar,
1791.

unterthäniger Diener,
Johann Heinrich Keerl.

Kap. I.

Die Entdeckung Herkulanums, nebst einer kurzen Beschreibung seiner verschiedenen Alterthümer.

Einer der merkwürdigsten Ausbrüche des Vesuvs war es, der, wie bereits bey der Geschichte dieses Vulkans gesagt worden ist, die alte Stadt Herkulanum im ersten Jahr der Regierung des Titus und im neun und siebzigsten der christlichen Zeitrechnung zerstörte. Herkulanum blieb mehr als siebzehn Jahrhunderte unter der Erde vergraben, und bloß dem Zufall hat man seit wenigen Jahren seine Wiederentdeckung zu verdanken. Die eigentliche Lage dieser unglücklichen Stadt war unbekannt. Auf einander folgende Umstürze aller Gegenden um den Vulkan, seine verschiedene Ausbrüche, seine sich auf einander häufende Laven, hatten den Boden derselben bis zu einer solchen Höhe überschüttet, daß es nicht zu verwundern ist, wenn in jenem barbarischen Zeitalter, wo man sich so wenig mit dergleichen

Entdeckungen abgab, beynahe das Andenken derselben gänzlich verloren ginng.

Man wußte wohl, daß ein Herkulanum, daß ein Pompeji nahe am Fuße des Vesuvs vorhanden gewesen waren; allein man wußte nicht eigentlich, an welchem Orte, und es war um so schwerer zu wissen, weil neue Benennungen, eine ganze Stadt, und sogar einer von den Pallästen des Königs von Neapel ihre Fläche bedrohten.

Die Epoche der Erbauung Herkulanums ist unbekannt. — Nach der Erzählung des Dionys von Halicarnaß scheint diese Stadt bereits in dem entferntesten Alterthum existirt zu haben, und von den Oskern, Tyrrhenern und den ältesten Völkern nach einander besessen worden zu seyn. Was mit Gewißheit gesagt werden kann, ist, daß die Römer sich in diesem Theile Italiens 293 Jahre vor Christi Geburt niedergelassen und besonders Herkulanum in Besitz genommen hatten, welches sogar unter die römischen Kolonien mit gezählt wurde.

Den Beweis hiervon liefert eine Ueberschrift, die man gewöhnlich dem Prätor der Stadt L. Mammius Cornessus zugeschrieben hatte, und welche in den Gegenden von Herkulanum gefunden worden ist. Ohne uns jedoch bey der Untersuchung ihrer Dauer, oder der Umstände ihres Ursprungs aufzuhalten, wollen wir uns vielmehr zur Geschichte ihrer Wiederentdeckung, oder, um so zu reden, ihrer Wiederauferstehung, wenden.

Ein Prinz Elbeuf von Lothringen war im Jahre 1706, an der Spitze der kaiserlichen Armee, welche man

gegen

gegen Philipp V. gesandt hatte, nach Neapel gekommen, und heyrathete im Jahre 1713. eine Tochter des Fürsten von Salsa. Durch diese Verbindung bewogen, sich für beständig in Neapel niederzulassen, wünschte er ein Landhaus in dem Nähe der Stadt zu haben, und entschloß sich im Jahre 1720., eines zu Portici am Seeufer erbauen zu lassen. In der Absicht, solches durch Marmor zu verschönern, kaufte er verschiedene seltene Marmorstücke, die ihm von einem Ackermann, der sie beym Graben eines Brunnen gefunden hatte, dargebracht worden waren. *) In der Folge brachte der Prinz das Feldstück dieses Bauers an sich und ließ dort selbst arbeiten. Sein Nachgraben verschaffte ihm sogleich eine Menge Marmors, Trümmer von Säulen und einige Statuen von griechischer Skulptur. Die Arbeiter fuhren fort, fanden verschiedene Säulen von weißem Alabaster und neue Bildsäulen, die der Prinz Eberhard dem Prinz Eugen von Savoyen zum Geschenk machte. **) Hierauf folgte die Ent=

H 2   deckung

*) Das Landhaus des Prinzen befand sich hinter dem Franziskaner verlassene St. Pietro von Alkantara auf dem Rande und der Spitze der Lava selbst, und dem nach dessen Tod an das Haus Salerni in Neapel, von welchem es der vorige König in Spanien kaufte, um sich daselbst mit Fischerey und Jagden zu belustigen. Der Brunnen wurde nahe am Garten der Augustiner Barfüßer eingeschlagen, die Arbeit wurde durch dazu fortgesetzt, bis man an festen Erdreich gelangte, welches die Asche des Vesuvs ist, und hier fanden sich drey wollüstige bekleidete Statuen. Jetzt noch sieht man diesen Brunnen, und weil er gerade über dem Theater steht, so erhält dieses das Licht durch sein Oeffnung.
                                                  2c.

**) Diese Bildsäulen wurden nach Eugens Tode von seiner Erbin an den König von Pohlen für 6000 Thaler oder Gulden verkauft

Deckung einer großen Menge sehr köstlichen afrikanischen
Marmors.

Solche Reichthümer, die das Gerücht noch vergrößerte
ſo, machten die Regierung zu Neapel aufmerksam, ſo wenn
ſie neidiſch und befahl mit allem ſeinem Ausgraben inne zu
halten.

Der König von Neapel entſchloß ſich kurz hernach,
die vom Prinzen angefangene Arbeit mit Betrieb verfolgen
zu laſſen, *) und der Erfolg übertraf ſeine Erwartungen
um ein großes. Nachdem man die Erde auf ſeinen Befehl
bis an achtzig Fuß tief hinweggeſchafft hatte; ſo entdeckte
man endlich den Boden einer Stadt, welche unter den, ſechs
Meilen von Neapel zwiſchen dem Veſuv und dem Seraſel
gelegenen, zwei Flecken Portici und Reſina gänzlich in
der Tiefe des Abgrunds begraben lag. Es war nun kein
Zweifel mehr, daß dieſes die alte Stadt Herkulanum ſey,
und man zog bey weitern Verfolg der Arbeiten ſo viele Alt-
terthümer hervor, daß ſie dem Könige von Sicilien in einem Zeitraum von 6 bis 7 Jahren ein Muſeum zuwege
brachte

barst, und in einem Pavillon des großen Gartens zu Portici
gebracht, woſelbſt ſie in mehrern Gemmen und Bildſäulen
des Pallaſts Obizi geſtellt wurden, die der damalige König von
Pohlen mit 60000 Stück erkauft, und mit einer andern Sammlung alter Werke vereinigt hatte, welche ihm vom Cardinal
Alexander Albani für 30000 Stück überlaſſen worden war.

Üe.

*) Erſt etliche dreyßig Jahre hernach, als der vorige König von
Spanien zum ruhigen Beſitz des eroberten Reichs gelanget,
und Portici zu ſeinem Frühlingsaufenthalt gewählet hatte.

Üe.

brochen, dergleichen sich wohl kein Fürst der Erde jemals
wird verschaffen können. Man entdeckte unter den Ruinen
und Trümmern mehrere Gebäude von sehr großem Umfang,
und unter diesen insbesondere einen Tempel, worin eine
Bildsäule Jupiters stand, und ein fast noch ganz vollkom-
menes Schauspielhaus. Von letzterem, als einem vorzüglich merkwürdigen Denkmal des Alterthums, dessen Pracht
und Schönheit gewiß eine große Idee vom Geschmack der
Bewohner Herkulanums für die Schauspiele geben kann
wird unten in einem eigenen Kapitel gehandelt werden.
Dieses Volk war berühmt durch seine Leidenschaft für diese
Art von Erhohlungen, und einige gleichzeitige Schriftsteller
schweiften so sehr aus, daß sie erzählten, die Einwohner
Herkulanums hätten, als sie bereits mit dem Untergange
bedroht worden wären, das Vergnügen der Schauspiele ihrer eigenen Erhaltung vorgezogen und sich von den Flammen und einem Hagel von Steinen ergreifen lassen. Aber
Dies belehrt uns, daß Erdbeben mehrere Tage nach einander der Entzündung des Vesuvs vorhergegangen wären;
auch würde man, wenn dieses Unglück unerhört geschehen
wäre, ohne Zweifel viele Gerippe beym Ausgraben des
Theaters gefunden haben.

Unter mehreren bemerkenswürdigen Gegenständen dieser Art befand sich ein Gerippe von einem Menschen, welches, fast noch völlig ganz, unter der Treppe eines Hauses
in Herkulanum gefunden wurde, und einen Beutel mit kleiner Münze in der Hand hielt; man versuchte es wegzuneh-
men, allein kaum hatte man es leicht berührt, so zerfiel es
in Staube.

Der

Der Entdeckung des Theaters folgte die Entdeckung der Tempel, die sich nahe dabey befanden. Man fand so gleich die Ueberbleibsel zweener von verschiedener Größe. Der eine hatte 150 Fuß in der Länge und 60 in der Breite, der andere 60 Fuß in der Länge und 45 in der Breite. Dieser letztere war vielleicht nur eine Art von Kapelle, welche die Alten Aedicula nannten. Indessen befanden sich unzählig Säulen, unter denen abwechselnd Fußgestelle rothen und große Marmortafeln von Raum zu Raum der ganzen Mauerlänge nach, eingefügt waren. Auf diesen Tafeln las man die Namen der Magistratspersonen, welche bey der Einweihung des Tempels präsidirt, so wie auch dem jenigen, die zu dessen Erbauung und Erhaltung beygetragen hatten.

Diesen zween Tempeln gegen über fand man ein drittes Gebäude, welches verschiedene Kenner für das Forum civile von Herculanum, oder für einen von denjenigen Tempeln hielten, welche die Alten Peripteron nannten. Der Fußboden dieser Gebäude, oder die Fläche, bildete ein längliches Viereck, 228 Fuß lang und 132 Fuß breit; es war mit Säulen umgeben, die die Gewölber des äußern Ganges unterstützten. Im Innern des Gebäudes befanden sich andere, gleichfalls durch Säulen unterstützte Gänge, an der Zahl zwey und vierzig. Die Bildsäulen von Erze, welche zwischen den Pfeilern gestanden hatten, waren fast alle zerschmolzen, zerbrochen, oder verstümmelt. Das Innere dieses Monumentes war mit Marmor gepflastert und die Wände al Fresco gemalt. Ein Theil dieser Malerey wurde zugleich mit der Wand herabgenommen und in das Kabinet des Königs von Sicilien gebracht.

Als

Alle Straßen Herkulanums waren schauerhaft, und hatten an jeder Seite Geländer zur Bequemlichkeit der Fußgänger. Sie waren mit Säulen und Läden geschmückt, die denjenigen gleichen, mit welchen die Stadt Neapel heut zu Tage selbst geschmücket ist; eine Entdeckung, die keinen Zweifel übrig ließ, daß es schon vor der Zerstörung dieser ansehnlichen Städte, und in noch weit ältern Zeiten, Ausbrüche des Vesuvs gegeben habe, weil schon damals die unter liegenden Städte mit davon geplündert worden. Das Innwendige mehrerer Häuser war in Fresco gemalt, und entdeckt eine große Menge von Gemälden, welche Gegenstände der Fabel oder der Geschichte vorstellen, und die der König von Sicilien fast alle nach seinem Pallast in Portici bringen ließ. Viele von diesen Malereyen bestehen aus Blumengewächsen, aus Vögeln, die auf Bäumen sitzen, am Schnabel oder an den Füßen hängen, aus Fischen und andern Thieren. Diejenigen, welche dem Könige gebracht worden sind, belaufen sich nahe an sieben hundert Stücke von verschiedener Größe, die meisten aber haben nicht mehr, als 10 à 12 Zoll Höhe und eine verhältnißmäßige Breite. Viele stellen einzelne weibliche Figuren auf schwarzem oder sehr braunem Grunde, kleine Liebesgötter, Arabesken, verschiedene Thiere, Gefäße, Muscheln u. dergl. vor. Von den großen Gemälden verdienen vorzüglich zwey beschrieben zu werden, welche in zwo Nischen im Gewölbe eines Tempels zu Herkulanum stehen. Das erste stellt einen Theseus vor, in der Gestalt eines Athleten, der eine erhabene und unter dem andern Arm geschützte Keule hält, auf der Schulter einen rothen Mantel und einen Ring am Finger trägt. Der Mi-notaur mit einem Stierkopf und Menschenkörper liegt aus

aus

ausgestreckt zu seinen Füßen. Der Kopf des Ungeheuers
zeigt sich ganz, der Leib aber ist in gerader Linie und sehr
gut in Verkürzung gemalt. Drey junge Griechen umgeben
den Helden, der eine umfaßt seine Knie, der andere faßt
ihm seine rechte Hand, der dritte betrachtet ihm mit Inbrunst
den linken Arm. Ein Mädchen, das man für Iolaeen
hält, fühlt die Hand auf seine Keule, und man sieht im
Winkel des Gemäldes eine sitzende weibliche Figur, die ohne
Zweifel Minerva oder Diana seyn mag.

Das Gemäld, welches die andere Wände zierte, enthält
mehrere Figuren in natürlicher Größe, worunter die aus-
gezeichnetste eine Flora ist. Sie sitzt mit mit edlem Anstande,
gekrönt mit Blumen, ihr zur rechten steht ein Blumenkorb,
hinter ihr aber ein Baum, der die Sprinz blickt. Ein Herkul, den die Löwenhaut kenntbar macht, sitzt vor ihr, gelehnt
auf seiner Keule. Eine gefühlvolle, mit Lorbeeren bekränzte
Göttheit hält in der einen Hand Kornähren, mit der andern
zeigt sie dem Herkul ein Kind, welches man für den Haupt-
gegenstand des Gemäldes halten kann, und welches ohne
Zweifel Telephos, der Sohn des Herkules, seyn soll.
Es wird von einer Hirtin gesäugt, die ihm den Schenkel
faßt und das blauere Bein aufhebt, um es bequemer trinken zu laßen. In Herkules Gesicht sieht man einen sehr ماt
schmächtig gemalten Lorern und Edler. Auch die Hirtin ist
viel zu klein und so, wie das Kind, schlecht gemalt. Die
Verbindung des Stücks ist übrigens ziemlich gut gewöhnlich
besonders zeichnet sich Flora durch richtig gemalte Kleidung
und edlen Anstand aus. Diese beyden Gemälde haben sechs
bis sieben Fuß Höhe und fünf Fuß Breite. Von andern
wegen

gegen ihrer Größe beträchtlichen Gemälden lassen sich die Gegenstände sehr schwer angeben. Eines zeigt den Herkul als Kind, wie er zwischen seinen Händen die zwo Schlangen erdrückt, die, der Fabel zu Folge, Juno gegen ihn zu schicken hatte. Winkelmann spricht da, wo er der vorzüglichsten Gemälde des Zeuxis erwähnet, mit Lobeserhebung von dem nämlichen Gegenstande, den dieser große Meister bearbeitet hatte. „Jupiter,“ sagt er, „erscheinet in seinem vollen Glanze, auf dem Throne sitzend, zugegen sind die Götter, und Herkul der Knabe erdrosselt die Schlange, im Angesichte Alkmenens seiner Mutter, und Amphitryons, ihres Gemahls. Wer das oben beschriebene Gemälde, so wie es zu Herkulanum gefunden wurde, und unter der Sammlung des Königs von Neapel befindlich ist, selbst kennt, wird zwar leicht den nämlichen Gegenstand, aber gewiß nicht die Ausführung eines Zeuxis daran erkennen. *)

Orest, von seiner Schwester Iphigenia erkannt, ist, wie man glaubt, der Gegenstand eines andern von diesen Gemälden. Noch ein anderes stellt den Centaur Chiron vor, wie er den Achill die Leyer spielen lehret. Kurz, die meisten von diesen Stücken haben Bezug auf Fabel, Geschichte, oder Gottesdienst der Alten; so sieht man z. B. zwo Vorstellungen egyptischer Opfer, worauf die Priester im weißen Priesterkleid abgebildet sind. Gestehen muß man aber,

B 5   aber,

*) Es läßt sich schwer bestimmen, ob dieses Stück des alten Herkulanums eine Nachahmung des Gemäldes sey, welches Zeuxis über den nämlichen Gegenstand geliefert hat; auf allen Fall aber ist gewiß, daß es eine sehr wohlgerathene Nachahmung wäre.

aber, daß mehrere von diesen Gemälden, besonders den
gelben, im Ganzen genommen, sowohl an Zeichnung und
Zusammensetzung, als an Farbmischung sehr mittelmäßig
sind. Es sey nun, daß dieser Fehler von der Farbe selbst
herrühre, oder daß die Zeit und — was noch wahrscheinlicher ist — die Asche, womit sie bedeckt wurden, sie verdorben habe. Die Haut ist fast immer von übertriebener und
unangenehmer Ziegelfarbe, und die Abstufungen des Loka-
les sind nur selten richtig beobachtet.

Das wahrhaft schlechtere von Seiten der Kunst in dieser zahlreichen Sammlung, sind eine Reihe Gemälde, von
Landschaften, Früchten, Thieren, Blumen oder Gegenständen der Einbildungskraft, wovon die meisten mit unendlich
vielem Geschmack und Feuer, auf schwarzem oder dunkel-
braunem Grund gemalt sind, und von denen wie in der
Folge einige beschrieben werden.

Da alle diese Stücke auf nassem Kalch, oder al fresco,
der einzigen den Alten bekannten Art zu malen, aufgetragen
sind; so hat man große Vorsicht anwenden müssen, um sie
unzerbrochen aus dem Grunde des niedergeworfenen Herkulanums herauszubringen.

Man bediente sich daher der vom Baron beschriebenen
Art, mit welcher man ehedem verschiedene kostbare Gemälde aus dem Tempel der Ceres herausgebracht hatte, welcher sich im großen Circus zu Rom befand. Nachdem man
die Mauer mit leichten Hammerschlägen rings um das Gemälde geöffnet hatte, so suchte man die vier Seiten, so viel
es möglich war, in gerade Linien zu bringen, und schloß so

das

das herausgenommene Gemälde fest zwischen einen Rahm von vier durch eiserne Klammern an einander befestigten Hölzern; alsdann thäte man die hintern Mauer hinweg, und hob sodann das Gemälde von seiner Stelle, wobey man je doch die Vorsorge brauchte, es mit einer Art Schiefer oder andern schwarzen dünnen Steines, den man Lavagna nennt, von hinten zu versehen, welcher mit einem gewissen starken Gummi an die Mauer befestiget wurde, auf welcher das Gemälde aufgetragen ist. Diese Art, Malereyen hinwegzu nehmen, ist um so leichter, weil der Kalk, auf dem man ehedem malte, so dick und fest ist, daß alle mittelmäßig große Stücke, ohne den geringsten Bruch heraus geschnitten worden sind. Man durfte sie nur mit Eisen beschlagen, und mit oben beschriebenen Steinen versehen.

Beschreibung der Centauren.

Vorzüglich verdienen diejenigen zwey Stücke Herkulas neums eine Beschreibung, welche einen männlichen und ei nen weiblichen Centaur vorstellen und auf schwarzem Grunde gemalt sind. Diese einzelnen Figuren erscheinen ganz in der Luft, und können also für eine Art von Brodtste gehal ten werden. Man vermißt inzwischen bey all dem Sonder baren an ihnen, weder das Schöne, noch das Angenehme, und sie gleichen vielmehr, sowohl an Gehalt als an Ge schmack, den besten Stücken unserer heutigen Maler.

Diese fabelhafte Wesen mögen nun eingebildete Völker vorstellen, die der Erdichtung zufolge, ehedem Thessalien be wohnt haben sollen, oder sie mögen ein Sinnbild derjenigen ersten Menschen seyn, die die Pferde bändigten, so scheint

diese

dieß Mischung zweyer Wesen den berühmtesten Künstlern des Alterthums einen angenehmen Stoff gegeben zu haben. Lucian versichert, Zeuxis habe sie häufig in seine Gemälde gebracht; er beschreibt sogar mit vielen Lobeserhebungen ein Gemälde, worauf dieser berühmte Maler einen weiblichen Centaur darstelle, der seine Jungen säugte, mit dem Beysaß, daß die jungen Centauren, während dem Säugen mit Vergnügen und furchtsam einen jungen Löwen betrachten, den ihnen der Vater zeigte, um sie vermuthlich an dessen Anblick zu gewöhnen.

Obschon dieses vortreffliche Gemälde lange nicht mehr vorhanden ist; so fand man doch ein dergleichen Stück von halberhabener Arbeit, welches einen säugenden weiblichen Centaur vorstellt, und dessen Winkelmann in seinem Monumenti inediti. Vol. II. part. I^ma p. 107. erwähnt.

Dieser gelehrte Alterthumsforscher spricht von verschiedenen alten geschnittenen Steinen oder Kameen, auf denen die Centauren abgebildet sind, und die man im Palast Strozzi und Borghese zu Rom findet, und zeigt sodann, daß die Vorstellung solcher erdichteten Wesen sogar auch bey den Egyptern sehr gemein war. Er führet in dem nämlichen Werke mehrere Denkmäler dieser Art von jenem alten Volke an, und gedenkt daselbst besonders eines egyptischen Centaurs, welcher in halb erhabener Arbeit auf einem sehr besondern zu Bologna befindlichen Basalte zu sehen ist, und zwar in dem vom Pabst Benedikt XIV. gestifteten Museum.

Wenn übrigens die eben beschriebenen Gemälde, wovon wir den Lesern eines hier mittheilen, schon nicht von

Zeuxis

Verkaufsform im Ladengeschäft zu Herkulaneum.

Zweige selbst sind, so muß man doch gestehen, daß sie, wegen ihrer Schönheit und Feinheit, von ihnen zu seyn verdienen. Das eine stellt einen melodischen Centaur vor, der einem Jüngling in der Musik Unterricht ertheilt, und das andere, welches mehr Sinnbildliches hat, zeigt mit Nachdruck die Gewalt und Herrschaft der Liebe. Sinnbilder, die die Alten sowohl durch Malerey, als Bildhauerkunst, sehr verschieden darstellten.

Auf einer antiken Kamee ist es ein Liebesgott, welcher auf dem Rücken eines Löwen sitzt und unbesorgt die Leyer spielt, deren Töne dem letztern entzücken. Auf mehreren andern Steinen leitet der nämliche Gott einen angebornen Löwen am Zuckerfaden; immer ein und das nämliche Sinnbild!

Auch zeigt man im Palaste Verghese unter den Bildsäulen einen Centaur, mit auf dem Rücken gebundenen Händen, auf dessen Rücken ein mit Federn besränzter Amor sitzt, und ihn bey den Haaren leitet. Das neben befindliche Gemählde aber stellt eine Bacchantin vor, die durch Schläge, und durch die Wuth, von der sie befreit scheint, ihre Herrschaft über den von ihr gebändigten Centaur zu erkennen giebt.

Die Amorhändlerin.

Wenige Stücke, sowohl der ältern, als neuern Malerey, haben so sehr den allgemeinen Beyfall für sich, als dieses schöne Gemählde, welches unter dem Namen, Amorhändlerin von Herkulanum bekannt ist. Einer der ersten französischen Maler Mr. Vien, Direktor der

Ke-

Nachdeme de France zuerken zeitiger eine Kugle und verzeichnete sie mit gleichen oberten Beyfätzen, die das antike Urbild nicht hat; welchem der neben stehende Abdruck vollkommen gleicht.

Die Erklärung, welche man über dieses Alterthum in den zu Neapel herausgekommenen Herkulanischen Denkmälern findet, lautet folgendermaßen: Potrebbe darsi che abbia forse voluto il dispintore representarci tre Amorini, de' quali una riposa in seno di Venere accompagnata dalla persuasione e l'altro dàddera scoppar delle mani dell' Indigenaso della Parca, mentre il terzo fia ristretto nel carcere o giace nel buso. Pitt. Ant. d'Herc. Tom III p. 37.)

Es läßt sich inzwischen kein Grund angeben, warum diese Figuren, Venus die Ueberredung, noch weniger aber, warum sie die Dürftigkeit vorstellen sollten. Schon der Ort des Gemäldes, welcher das Innere eines Zimmers vorstellte, giebt keinen Aufenthalt einer Art besgötein zu erkennen; alles ist daselbst sehr einfach, und eben das Einfache ist es, was das Gemälde reitzend macht.

Zwo junge Personen, voll Anmuth und Bescheidenheit, scheinen eben in Begriff, einen sehr wichtigen Handel zu machen; eine Sache, die sich aus ihrer beyderseitigen Aufmerks

*) Man sollte glauben, der Maler habe drey Nebengötter vorstellen wollen, wovon der eine im Schoose der Venus ruht, welche von der Göttin der Ueberredung begleitet ist; der andere den Händen der Dürftigkeit, oder einer Parce zu entfliehen suchte, ein dritter aber im dunkeln Kästgt verschlossen bliebe.

... schließen sollte. Die Gebärde der kleinen Liebhaberin und der Verkäuferin, die einer ... vollkommen ähnlich sieht, zeigt deutlich, daß der Kauf so eben auf dem Punkt ist, geschlossen zu werden. Der Kauf ist gewiß sehr wichtig, allein die Wahl ist schwer, und das ist es eben, was der Maler durch die zweifelhaften Mienen dieser zwo schönen Figuren ausdrücken wollte, und was der Kupferstecher so schrecklich nach ... gezogen hat.

Aber auch folgende Auslegung dieses allegorischen Gemäldes, die einen sehr geschmackvollen Mann zum Urheber hat, wird Lesern nicht unangenehm seyn.

Das Sinnbild des Stücks, was es auch immer für eine wahre Bedeutung haben mag, ist eines Anakreons würdig.

Man sieht hier drey junge Weiber von etwas verschiedenem Alter, aber alle drey voll von Schönheit und Anmuth; sieht drey Amors von eben so verschiedenen Jahren und Gesichtszügen; und man sollte daher glauben, dieses Gemälde stelle die drey Grazien vor, von denen sich jede einen ihrer Neigung angemessenen Liebesgott wählte.

Venus befände sich, um irgend eines Geschäftes willen abwesend, hätte diesen Käfig zurückgelassen, und der Ernsteste hätte sich dann den klügsten Amor gewählt, die Jugendlichste aber den Liebesgott als Kind für sich zurück behalten, und diese rechte ihrer feurigern lebhaftern Schwester denjenigen von den Liebeslichtern, welcher am ungeduldigsten nach dem Fluge verlangt.

Zwar

Zwar ist diese Erklärung eben nicht auf dieses Studium des Alterthums gegründet; aber sie hat sehr viel vortheilhaften Sinn; und wenn auch strenge Wissenschaft sie verwerfen so, so wird sie doch bey lebhafter Einbildung stets immer das Aufnahme finden.

Ein anderes antikes Gemälde stellt eine schöne Weibsperson vor, die auf einen Seeungeheuer ruhet, und ihm zu trauen reicht. Nothwendig muß dieses eine Bacchantin seyn, weil sowohl der Tygerkopf des Thiers, als die Trinkschaale, dieses zu erkennen giebt.

Solche in Lüften schwebende Figuren auf verschiedenem Grunde gemalt, müssen bey den Alten sehr häufig und beliebt gewesen seyn, denn es werden zu Herkulanum sehr viele dergleichen Stücke gefunden, welche theils auf roth, theils auf braun, auch zuweilen auf gelblichem Grün aufgetragen sind.

Antike Vorstellung einer Mahlzeit.

Eines der vorzüglichsten Stücke Herkulanums, wovon wie unsern Lesern hier die Beschreibung mittheilen müssen, ist die Schilderung einer Mahlzeit, wie die Alten sie zu halten pflegten. Sie ist fähig, uns einige Vorstellung von den häuslichen Sitten und Gebräuchen des alten Italiens zu geben,

?) Sollte dieses irgende Brod nicht auch ein Sinnbild der Hoffnung seyn können, die von einer Chimäre in der Luft getragen wird, und sie zum Vergnügen mit Nahrung verstehst? — Doch dies bleibt bloße Vermuthung.

geben, die gewiß nicht unwichtig seyn wird. Man fand dieses Gemählde vollkommen unversehrt unter den Ruinen Rosna's, und es mag ohngefähr zween Fuß im Gevierd enthalten.

Hier ist die Gewohnheit der Alten, auf Betten ihre Mahlzeit einzunehmen, sehr passend angebracht. Sie hatten deren von verschiedenen Benennungen, und es wurden zum Beyspiel die, worauf sie speisten, Tricliniares, die, worauf sie ruheten, aber Cubiciliares genannt.

Hauptsächlich läßt sich auch aus diesem Gemählde die Form ihrer Trinkgefäße, und die Art, sich derer zu bedienen, erklären. Diese Trinkgeschirre lehrte sie nämlich die Natur aus dem Horn irgend eines Thiers verfertigen, und es ist keinem Zweifel unterworfen, daß auch die ersten Menschen sich solcher Gefäße bedient haben; die man sogar zur Zierde gebrauchte, und dergleichen man noch viele unter den Etrußkischen und Römischen Vasen antrifft, welche zuverläßig unter die ältesten Kunsterzeugnisse gerechnet werden können. Zuweilen bediente man sich ihrer bey Opfern, und man findet eine Art von sehr großem Umfang am Eingange der Villa Borghese in Marmor gegraben.[*)]

Die

*) Die Natur lehrte den Menschen bereits bey seiner ersten einfachen Lebensart den Gebrauch fast alles dessen, was ihm unumgänglich abzuwarten war. Rußschalen, Fruchtschaalen, waren ihm, so wie ganze Hörner, die ersten Gefäße; Baumblätter dienten ihnen zur Bedeckung; Fischgraten brauchten sie zum nähen und zusammenheften der Häute, womit sie sich bedeckten. Aber noch nicht genug, als sie erfinderischer wurden, das angenehme mit dem nützlichen verbinden lernten; so zeigte Natur ihnen

Die Alten scheinen dergleichen Gefäße von sehr verschiedener Materie, als z. B. von Gold und Silber gehabt zu haben, auch zeigt man in dem Museum von Portici noch die Bruchstücke eines solchen Trinkhorns von Glas. Gar derber war die Art daraus zu trinken, denn ohne mit dem Gefäße die Lippen zu berühren, ließ man das Getränke von ferne in den Mund laufen, eine Gewohnheit, deren verschiedene alte Schriftsteller, als z. B. Athenäus, Weldin phaurt u. a. Erwähnung thun. Es galt sogar für eine Heldenthat im Trinken, ein zu solchem Ende gefertigtes großes Glas auf einen Zug so auszuleeren, und die Griechen legten solchen Gefäßen einen besondern Namen bey.

An diesem Stücke bemerkt man ferner die Gewohnheit, Tafeln und Speiseplätze mit Blumen zu bestreuen, welche bey den Alten häufiger war, als bey uns. Plutarch und andere erzählen, daß sie sogar den Fußboden ihrer Speisezimmer mit Balsam und wohlriechendem Wasser besprengt haben.

Nachlässiger und unordentlicher, als die Kleidung der auf dem Gemälde befindlichen Figuren, läßt sich gewiß nichts

Ihnen die schönsten Formen durch Blumen, Früchte, Muscheln, Vogelfedern, Sommeroel gestaltet, u. dergl.; so lehrten sie ihnen, um die Zusammensetzungen zu berücksichtigen, gewisse Abtheilungen und Bildungen der Farben, die wie noch heute zu Tage in unsern Gartenverzierungen, Küchen, und andern Dingen nachahmen und bewundern. Der Mensch hat also, genau genommen, kein anderes Vorbild, als das der Nachahmung und die freygebige Natur ist sowohl unserm Bedürfniß, als unserm Vergnügen zuvor gekommen.

nicht denken, und eine solche Hauskleidung ist auch jenen heißen Gegenden vollkommen angemessen, pflegt auch noch heut zu Tage von jenen Völkern getragen zu werden, Manns- und Weibspersonen, besonders zu Neapel, bedie- nen sich der Netze über das Haar, und ein solches Netz trägt auch das liebliche Weib auf dem beschriebenen Gemälde.

Ungewiß bleibt es, was das Kästchen enthalten solle, das eine Sklavin im Hintergrunde des Gemäldes herbey bringt. Soll dieß eine kostbare Salbe, soll es ein weibliches Handwerk Rauchwerk enthalten, dessen sich die Alten nach dem Mittagsmahl gewöhnlich zu bedienen pflegten? Die gelehr- ten Herausgeber des Herkulanischen Werkes halten es für einen Theil des Puzes, womit die Weiber ihre Füße zier- ten, und da die liebliche Frau im Gemälde so eben vom Betterstch zu erheben scheint, da sie barfuß ist, so mag diese Bedeutung, als so sie im Begriff, sich mit diesem Theil des Puzes von ihrer bedienenden Sklavin versehen zu lassen, vielleicht die rechtige seyn.

Zwo weibliche Figuren, wovon die eine eine Nymphe vorstellt, die Blumen pflückt, die andere aber eine Bacchan- tin oder Priesterin des Bacchus, verdienen bemerkt zu wer- den, weil an ihnen besonders die liebenswürdige Einfach- heit und Ungezwungenheit hervorleuchten, welche die Werke der Alten so sehr auszeichnen, und denen wie bey solchen Kunsterzeugnissen so wenig unsern Beyfall versagen können. Beyde Gemälde haben ohngefähr zehen Zoll in der Höhe.

Von

Von den Arabesken.

Von solchen Verzierungen fand man eine ziemliche Menge unter Herkulanums Kupfern, wir wollen und beschreiben oder hier nur die vorzüglichsten. Das erste ist eine Heuschrecke, die auf einem Wagen sitzt und von einem Papagey gezogen wird.

Wenn man etwas über die Werke der Kunst eines oder der berühmten Volkes liest, so verlangt man mit Grunde die Erklärung des Gegenstandes, seine Bestimmung, die Zeit, worin er gefertigt wurde, und den Namen des Urhebers zu wissen; gewiß ein sehr natürliches Verlangen; ein Wunsch, der durch die Schwierigkeiten ihn zu befriedigen, nur noch mehr wächst, und je dunkler der Gegenstand ist, je leichter verfällt man in den Irrthum sich erheblichere Absichten von ihm zu träumen, als er wirklich gehabt hat.

Allegorische Gemälde sind schon von Natur dazu bestimmt, um mehr und mehr unverständlicher zu werden; und sie beschäftigen daher immer sehr lebhaft die Wißgierde, besonders wenn man eine Art von Satyre in ihnen zu finden glaubt.

Die Arabesken können sehr wohl unter die Klasse der Sinnbilder gezählt werden. Diese Art von Malerey, zur Zierde und Ausschmückung bestimmt, läßt sehr schicklich eine Zusammensetzung außerordentlicher Gegenstände zu, und man verfällt denn immer leicht auf den Gedanken, diese Dinge müssen nicht ohne Plan, nicht ohne irgend eine geheime Absicht zusammen gestellt worden seyn. Arabesken sind aber gar dennoch nur Träume, und alles, was man von ihnen fordert,

fordert, ist, daß es angenehme und nicht Jedermann einer kranken Einbildungskraft seyn.

Man verzeihe hier diese flüchtige Bemerkung, sie fließt aus der Vermuthung der Kenner, die dieses Gemälde der Heuschrecke und des Papagey für eine Satyre auf Nero und Seneka halten. Sie glaubten in der Heuschrecke als Fuhrmann den Kaiser, oder vielmehr den Tyrann zu finden, dessen vorzüglichstes Talent darin bestand, auf dem öffentlichen Schauplatze zu fingen; und der es für rühmlicher hielt, ein guter Kutscher, als ein guter Regent zu seyn. Unter dem Papagey aber stellten sie sich einen Philosophen vor, der prahlvoll an Worten ist, aber den man doch schwacher und unziemlicher Handlungen, wenigstens dem Scheine nach, beschuldigen kann. *)

Das Gemälde hat übrigens sechzehn Zoll Länge, und ohngefähr sechs Zoll Höhe, und ist 1743 unter dem Flecken Resina gefunden worden.

Ein anderes stellt einen Amor vor, der einen mit zwey Schwanen bespannten Wagen regiert, und dieser mag, so wie noch zwey dergleichen, sehr passend für eine Art von ex Voto gehalten werden, mag etwan den Wagen der Braut vorstellen sollen, den Schwanen gezogen haben, und Amorn, der denselben führt; indeß die zwey andern dem Apoll und der Isis gewidmet seyn können, wovon sich das erstere aus Köcher, Bogen und Pfeilen, und das

B 3   andere

*) Einige Geschichtschreiber behaupten, Seneka sey der erste gewesen, der den, auf Nero's Befehl verübten Mord Agrippinens, jene abscheuliche That, zu vertheidigen gesucht habe.

andere aus der Cymbel schließen läßt, welches Instrument
dem Dienste dieser Gottheit heilig war. Der Wagen im
ersten Stücke wird von Greifen, der im zweyten aber von
Panthern gezogen.

Noch ein anderes viereckigtes Gemälde, in welchem
eine geflügelte Gestalt Weyhrauch auf einen Altar streut,
ein Genius aber ein Lamm darbringt, scheint wegen der dabey angebrachten Attribute, dem Helm, dem Schild und
der Lanze, ein Opfer Minervens vorstellen zu sollen.

Von Gefäßen und Fruchtkörben.

Unter der unzähligen Menge von Malereyen, welche
zu Herkulanum gefunden worden sind, zeichnen sich besonders auch die Küchengemälde, die Thierstücke, die Eyer
und Fruchtkörbchen vortheilhaft aus; und sie scheinen besonders zur Zierde der Speisesäle gedient zu haben.

Verschiedene große gläserne Gefäße lassen uns schließen, daß die Alten, wenigstens eben so geschickt, in der
Kunst Gläser zu fertigen, gewesen seyn müssen, als wir.
Neben einem solchen Glas befinden sich auf einer dergleichen
Malerey zwey irdene Gefäße von der Art, die man Ollas
nannte. In ihnen pflegten die Alten, wie auch die Schrift
deren selbst zeigt, Trauben aufzubewahren, und diese
nannten sie Urae Ollares. Vermuthlich diente die besondere
Sorgfalt, womit solche Töpfe zugebunden wurden, dazu,
um diese Früchte länger zu erhalten.

Ein Stück von besonderer Art und Zusammensetzung
verdient hier vorzüglich bemerkt zu werden. Auf ihm befin
den

den sich alle Attribute des Bacchus vereiniget, eiserne
Klammern befestigten es an die Wand des Zimmers, worin
es im Jahr 1754. gefunden worden ist. Dieses Gemälde,
welches etwan vier Schuh haben mag und gleich viereckigt
ist, scheint eben deswegen damals viel Aufsehen gemacht
zu haben, weil es nicht, wie die meisten andern Herkulanischen Stücke, an die Wand selbst gemalt war. Seine vor-
nehmlichsten Theile sind ein Korb, welcher auf einer mit
Stufen versehenen Küchentafel steht, und in welchem ein
Trinkhorn und noch verschiedene andere Dinge liegen,
die von den Alten unter die Attribute des Bacchus gezählt
werden.

Musikgemälde der Alten.

Zweyen Gemälden von der Art gebühret gewiß vor allen andern Malereyen Herkulanums der Vorzug. Einige
wollen, daß das eine davon den Dichter Æschilus vorstelle, wie er im Begriff stehe, eines seiner Gedichte zu dikti-
ren. Sie wollen dieß daraus schließen, weil die als dikti-
rend vorgestellte Figur weder dem Sophocles noch dem
Euripides gleicht, deren Bildnisse man kennt, und
weil Æschilus so berühmt zu Herkulanum war, daß man
noch einen Kunstlederzettel unter dem Schutte fand, worauf sein Name und eines seiner Stücke angekündigt ist.
Die Alten hatten solche Zettel von Elfenbein, und nannten sie Tesseras.

Eine zweyte Person des Gemäldes scheint das, was
die erste diktirt, mit eisernem Griffel auf eine Tafel zu zeichnen, über welcher eine große Maske von der Art bevorsteht.

D 4

ist, deren sich die Alten bey verschiedenen Rollen zu bedienen pflegten.

Das andere Stück stellt ein Concert von verschiedenen Personen und Instrumenten vor, an welchem man, als etwas besonderes, die Binde oder den Maulkorb bemerken muß, welcher dem Bläser einer zweyfachen Flöte um die Wangen gebunden ist. Diese Binde war vermuthlich dazu bestimmt, um die angestrengten Muskeln zu unterstützen und ihnen Stärke zu geben, das Blasen dieses Instruments auszuhalten, welches ohne Zweifel vieler Anstrengung bedurfte; man nannte dieses Band Capistrum. Der Flötenspieler wird von einer Leyer- oder Harfenspielerin begleitet, und wenn man nach einer spielenden weiblichen Figur schließen darf, die etwas geschriebenes in der Hand hält, und hinter welcher noch einige betrachte Personen stehen, so scheint es, als begleite die Musik auch nach Art der Alten einen Gesang oder ein Recitativ. Dieses merkwürdige Musikgemälde hat etwas Schaden gelitten, und beyde Stücke, welche ohngefähr 16 Zoll im Gevierdt enthalten, wurden 1761. entdeckt.

Beschreibung einiger Gemälde, welche Seiltänzer vorstellen.

Nichts ist fähiger, den Satz zu bestätigen, daß die Menschen sich zu allen Zeiten, sowohl in ihren Leidenschaften, als selbst in ihrem Geschmacke, gleich sind, als diese oben angegebenen Gemälde. Diese Seiltänzer, welche bey den Griechen Scoenobaten, Acrobates, und bey den Latei-

nern

nern funambuli Künsten, waren so beliebt bey den Alten, als sie es heut zu Tage bey weitem nicht mehr sind. Die Rö-mer, dieses ganz den Vergnügungen ergebene Volk, zogen sie sogar ihren besten Schauspielern vor. Terenz selbst beklagt sich, daß während der Aufführung eines von seinen Stücken, ein neuer funambulus erschienen sey, und die Aufmerksamkeit des Volkes so sehr auf sich gezogen habe, daß sie an nichts anderes mehr gedacht hätten. Ut popu-lus, studio spectaculi cupidus, in funambulo animam occuparet.

Einige von diesen Seiltänzern tanzten auf einem schwankenden, andere auf einem fast angezogenen Seil, noch andere schwangen sich um das Seil gleich einem Ra-de um die Axe herum, und man liest in mehrern Schrift-stellern von der Geschwindigkeit und Kunst dieser Leute. Man erzählt auch als einen Zug der Menschlichkeit Marc Aurels, daß er den Seiltänzern Matten unterbreiten ließ, weil ehemals in seiner Gegenwart ein solcher unglücklicher herabgefallen und beynahe umgekommen seyn soll.

Von jener Zeit an wurden Netze unter den Seilen be-festigt, damit andern nicht gleiches Unheil widerfahren möchte. ..Endlich hatte man nicht genug an menschlichen Seiltänzern, man richtete auch Thiere dazu ab, und Plin-versichert sogar im achten Buch, daß zu seiner Zeit Elephan-ten in dieser Kunst auf dem Seile zu gehen, und mit Kren-zen und Künsten beladen sich im Gleichgewicht zu halten, unterrichtet worden seyn. Nero ließ dergleichen in den Spielen, die er Agripinen zu Ehren gab, auftreten.

Unter

Unter diesen Arabesken verdient auch ein anderes Gemälde um deswillen bemerkt zu werden, weil es eine Anspielung auf die Aeneide zu seyn scheint, wodurch der Held des Dichters so lächerlich, als immer möglich, vorgestellt ist, indem er seinen Vater, welcher in einem Kästchen seine Hausgötter hat, auf der Schulter trägt, und seinen kleinen Sohn Ascan an der Hand nach sich zieht. Die drey Figuren haben Hundsköpfe.

Das Lächerliche, eine so verwerfliche Art der Gemälde, weil sie meist geschmacklos, unedel ist, und dem guten Ton schadet, auch selbst dann, wenn man ihr gewisse Grenzen zu setzt, das Lächerliche, sage ich, ist ein der Natur des menschlichen Verstandes so sehr anklebender Fehler, daß es sogar in einem Zeitalter, wo jede Kunst sich der Vollkommenheit nähert, auf glücklichen Erfolg Ansprüche machen darf. Vergil vom Scarron ins Lächerliche travestirt, fand und findet vielleicht noch Bewunderer. [*] Bewunderer aber hatte er sie zu einer Zeit, die dazu bestimmt war, die größten Meisterstücke hervorzubringen. Man lacht über eine lächerliche Wendung, wie man über eine Thorheit in Gesellschaften lacht; aber sollte wohl eine solche abgeschmackte Thorheit gedruckt oder gemalt werden? — Weh dem Geschmack des Volks und des Jahrhunderts, welcher in so hohem Grade nachsichtsvoll ist! —

Ro-

[*] Und Scarron ward Scarron fand und findet noch, aber mit Recht Bewunderer, denn aber so viel seinem Scherze auch eine lächerliche Sache darstellt, behauptet gewiß zu allen Zeiten Beyfall und Bewunderung!

Komische Szenen.

Man fand unter andern zwey Stücke im Herkulanum, welche sehr schauderhaft, ja man darf sagen, einzig in ihrer Art sind. Wahrscheinlich wollte der Maler zwo tragische Szenen vorstellen; aber gewiß zu bestimmen, welchen Gegenstand er eigentlich schildern wollte, würde äußerst schwer fallen. Doch wer weiß, ob jene Herkulanischen Handschriften, auf die Europens Gelehrte so begierig waren, und welche man zum allgemeinen Bedauern so sehr vernachläßigt, nicht vielleicht die Komödien enthalten, die dem Maler zum Muster gedient haben?

Plin spricht von einem Calades, welcher sich in Vorstellung komischer, und von einem Antiphilus,[*] welcher sich in der Malerey tragischer Szenen besonders hervorgethan haben soll.

Was übrigens die Personen der beyden angezeigten Stücke anlangt, so scheint die Hauptfigur ein Davus zu seyn, wenigstens läßt sich dieß aus seinem kurzen Sklaven- rock schließen. Er macht mit der Hand eine Bewegung,

[*] Hift. Nat. L. XXXIV. c. 37. Plin spricht daselbst von den sogenannten kleinen Meistern, von solchen Malern, die sich, wer etwa in neuen Zeiten viele aus der holländischen Schule, mit kleinen Stücken, die niedrig komische Gegenstände des gemeinen Lebens schildern, abgegeben haben; unter diesen nennt er auch oben angezeigte beyde Maler, sagt aber mit keinem Worte, daß Antiphilus tragische Szenen gemalt habe, viel- mehr war er nach seiner Angabe ein Maler, welcher drollige Personen, die sogenannten Gryllen lustigte.

so wie sie unsre Schauspieler noch heut zu Tage zu machen pflegen, wenn sie etwas lächerlich finden. Die Verwunderung eines jungen Mädchens, die ihm gegen über steht, den Untertheil des Gesichts mit der Hand bedeckt und verschämt zu lächeln scheint, zeigt deutlich, daß sie der Gegenstand seines Spottes seyn müsse. Jedermann weiß, daß die Alten gewohnt waren, ihren Schauspielern Masken zu geben, welche in der Nähe einen scheuslichen Anblick hatten; auch dieser Sclave trägt ein solches Fratzengesicht, woran der Mund das ganze Kinn bedeckt. Die Häßlichkeit solcher Larven verlor sich zum Theil in der Entfernung, worin sich die Zuschauer in jenen unermeßlichen Schauspielhäusern befanden, und überdieß trug der Art ihrer Larve dazu bey, um den Schall der Stimme außerordentlich zu verstärken, eine Sache, die aus dem eben angeführten Grunde sehr nothwendig war, wenn das Gesagte nicht ungehört in der Luft verhallen sollte.

Noch weniger läßt sich der eigentliche Gegenstand des zweyten Stückes bestimmen, woran man die Handlung gar nicht eigentlich erkennt. Wahrscheinlich soll es eine gewisse Musik vorstellen, wobey einer der Schauspieler, der einem Tibicen oder Flötenspieler gleicht, zwo Flöten zugleich bläst. Ein Gebrauch, der bey den Alten sehr gemein war, und wovon man noch viele Vorstellungen auf Etruscischen Gefäßen und alten gegrabenen Steinen findet.

Ein solches Stück befindet sich vorzüglich im Damontischen Werke, T. 2. Pl. 78., und dieses soll vermuthlich einen von denjenigen Musikanten vorstellen, welche bey den Processionen der Alten voran zu gehen pflegten; er spielt

die Doppelflöte und trägt seine Leyer an einem Stabe auf
dem Rücken; der Kram, den er trägt, zeigt wohl ein Dorf-
gewerbe an, und ein Hund, welcher neben ihm herläuft,
macht glauben, daß er, so wie unsere heutigen Dorfküdire
von Kirchdorf zu Kirchdorf zu wandern pflegen, gleichfalls
im Begriff stehe, nach einem Orte zu wandern, wo ein solches Fest gefeyert werden soll. Denn schon bey den Alten
gab es solche Leute, welche für Geld aufzuspielen pflegten;
und dieser Gebrauch erhielt sich auch bis jetzt in Kalabrien,
so wie in andern Ländern, nur die Instrumente verändern
sich.

Egyptische Arabesken.

Diese Art von Gemälden scheint sehr gewöhnlich zu
Herkulanum gewesen zu seyn, und man muß auch gestehn,
daß die dasigen Künstler sich darinn hervorgethan haben.
Ob diejenigen artigen Gemälde, welche nach egyptischem Geschmacke gemalt sind, ihr Daseyn zu Herkulanum selbst erhielten, oder ob sie wirklich aus Egypten kamen? ist ungewiß, doch läßt sich das erstere vermuthen; und wahrscheinlich hatten egyptische Künstler bey den Herkulanern den Vorzug, weil in jenem Lande bekanntlich, weit früher, als bey
den Römern, die schönen Künste blühten. Die Menge
egyptischer Gemälde, welche daselbst gefunden worden sind,
ist gewiß sehr beträchtlich.

An ihnen erkennt man vollkommen den Geschmack jener Zeiten, und es sind meist Vorstellungen entweder ihrer
Götter selbst, oder der Thiere und der Erzeugnisse ihres
Landes. Einer zeigt uns ihren Gott Apis in der Gestalt
eines

eines Stiers; auf dem andern stehen wie einen Osiris mit dem Kopfe des Stiers; oder auch den Ibis, eine andere Art von egyptischer Gottheit.

Herrliche Landschaften, welche wahrscheinlich Nilgegenden sind, weil sich auf ihnen das Krokodil und das Nilpferd darstellen, fand man gleichfalls unter jenen Gemälden. Vor allen andern aber zeichnet sich der lächerliche Zweykampf zwischen einem Satyr und einem Bock aus; ein Stück, das vermuthlich Bezug auf den Pan hat, dem die Alten die Sorge für die Thiere zuschreiben.

Der Hörnerstreit ist der Natur jener Thiere eigen, hieß bey den Alten arietare, und auch hier sind beyde Streiter auf diese Art mit einem so natürlichen ungezwungenen Anstand abgebildet, wie man ihn von einem Künstler jenes Zeitalters erwarten konnte. *)

$\qquad$ Der-

*) Winkelmann sagt in seinem Sendschreiben an den Grafen Brühl über die Herkulanischen Entdeckungen; ihm sey der Erlaubniß durch Königlichen Befehl „auf das, was erlaubt zu sehen sey,„ beschränkt worden. Er habe damals nicht auf die Erklärung dieser Worte gedrungen, glaube aber, daß dieses theils von demjenigen, was von Alterthümern in den Gemächern unter dem königlichen Schlosse liege, zu verstehen sey, vorzüglich aber eine unsichtige Figur betreffe. Erstere habe er, durch die sich erworbene Vertraulichkeit des Aufsehers, dennoch gesehen, letztere ob er werde ohne eigenhändigen königlichen Befehl niemanden gezeigt. „Es falle,„ führt es fort, „dieses „Werk einen Satyr mit einer Ziege in Marmor war, welcher „etwan über drey römische Palmen groß ist, und man sagt, es „sey sehr schön. Es wurde unmittelbar nach der Entdeckung „weggeschlossen dem Könige nach Kaserta, wo damals der Hof „war,

Herkulanische Tänzerinnen.

Diese angenehmen Gestalten sind als in der Luft schwebend vorgestellt, und wurden 1749. beym Nachgraben ohnfern dem Torre del Annonziata gefunden, nahe bey dem Plaße, wo man das alte Pompeii vermuthet. Sie befinden sich in dem Museum zu Portici, machen eine Anzahl von zwölf Stücken aus, und sind auf schwarzem Grund gemalt.

Ihr etwas fantastisches Ansehen erregt den Gedanken, als hätten die Alten sie deswegen auf schwarzem Grund abgebildet, um die Idee gewisser Täuschungen zu erwecken, die uns im Schlaf und im Schooße der Ruhe jene Wesen als wirklich vorstellen, mit welchen sich unsre Einbildungskraft vorzüglich bey Tage beschäftiget. Die sämmtlichen zwölf Stücke, deren Höhe 1⅓ Fuß, die Breite aber 2⅓ Fuß beträgt, werden alle zusammen in einem Zimmer auf Kalk gemalt gefunden, dessen eigentliche Bestimmung sich nicht wohl rathen läßt.

Einige

„was, gebracht, und wiederum unverzüglich und verschlossen „dem königlichen Bildhauer zu Portici, Hrn. Joseph Camart, „zur Verwahrung übergeben, mit genauestem scharfen Befehle. „Es ist also falsch, wenn sich einige Engländer rühmen wollen, „dieses Stück gesehen zu haben.„ — Dieser vorstehende Auszug zeigt, daß dergleichen Zusammenstellungen des Bocks, der Ziege, und des Satyrs bey den Alten gewöhnlich gewesen seyn müsse. Freylich immer Vorstellungen, die bey der Sittlichkeit unseres Zeitalters nicht mehr die Probe halten würden.

Ni.

Einige glauben, es sey ein Speisesaal (Triclinium) gewesen, weil verschiedene von den Figuren einen für solche Zimmer schicklichen Anstand und Bewegungen verriethen; andere hielten es für ein Ruhezimmer (Cubiculum), und nach dem, was eben gesagt worden ist, scheint diese Meynung die wahrscheinlichste zu seyn. Denn sehr möglich, daß jene an Sinnlichkeit und Vergnügen so sehr gewöhnten Römer, durch eine hierzu schickliche Auswahl der Gegenstände, sich wollüstige Eindrücke zurück zu rufen, und dadurch den Schlaf angenehmer zu machen gesucht haben.

Wie dem aber auch seyn mag; so kann man behaupten, daß diese Gemälde selbst zu unsern Zeiten, wo man die Werke der Alten oft nur allzu wenig zu schätzen pflegt, sowohl wegen ihrer vortrefflichen Farbenmischung, als auch wegen ihrer Lebhaftigkeit, Zierlichkeit und Richtigkeit der Zeichnung, einem heutigen Maler Ehre machen müßten. Fast alle Figuren sind so sehr und leicht bekleidet, daß man die Schönheit der Gestalt und das Ganze des Umrisses sehr deutlich wahrnimmt. Ein Verdienst der Kunst, welches sich die Alten sowohl in der Malerey, als in der Bildhauerkunst sehr zu eigen gemacht hatten.

Es ließe sich noch hinzufügen, daß diese schwebenden Gestalten wirklich nur im Traume oder als Nachahmungen von Traumbildern sich denken lassen, auch scheinen ihre Gewänder so leicht als Traume zu seyn. Man nannte diese mollüstigen Arten der Kleidung Tarentinische, von Tarent in Griechenland, wo sie bekanntlich von einem sehr feinen Seidenähnlichen Gespinnste, dem Erzeugniß einer Muschel, la pinna marina genannt, verfertigt wurden.

Man

Man bedient sich noch heute zu Tage dieser Muschel zu Neapel, zu Strümpfen und Handschuhen.

Zierrathen und Bas-reliefs.

Man fand viele solche Stücke bey der Wiederentdeckung
Herkulanums, und sie schienen fast sämmtlich zur Zierde der
Pfeiler und Säulen gedient zu haben. Einige von ihnen
stellen Opfer u. dergl. vor, welche sehr kunstvoll gemacht sind.

Die Römer hatten bekanntlich die gottesdienstlichen
Gebräuche verschiedener Völkerschaften angenommen, und,
nach der Menge egyptischer Denkmäler der Art zu schließen,
die man zu Herkulanum fand, läßt sich beynahe nicht zweifeln, daß man daselbst dem egyptischen Götterdienst den
Vorzug gegeben haben müsse; wozu sonst die vielen Abbildungen von Isis und Osiris, ihren Tempeldienern, die den
Tempel verehrte?

Rätzelhafte sind dem Forscher die Abbildungen eines
Priesters und einer Priesterin, im römischen Geschmack,
welche gleichfalls ausgegraben worden sind, doch sieht man
aus dem Weihkessel und dem Weihpinsel, den der Priester
in den Händen hält, daß das Besprengen schon in den ältesten Zeiten Sitte war.

Ein kleines geflügeltes Kind, das eine Ziege auf den
Schultern trägt, wurde in dem nämlichen Zimmer gefunden, worinn jene oben beschriebenen Seiltänzer sich
befanden. Mehrere dergleichen Kinder wechseln immer
von Raum zu Raum mit solchen Gemälden ab, zwischen

Neap. u. Sicil. III. Th.   C   wel-

welchen Blumenketten und andere Zierrathen sehr artig angebracht waren.

Nichts war überhaupt mit mehr Geschmack, mit mehr
Freyheit und Leichtigkeit gemalt, als diese bey den Alten so
beliebten Arabesken: aber sie waren auch diejenige Art Gemälde, in welcher sich die ehemaligen Maler vorzüglich her-
vorthaten.

Egyptische, Opfer und Ceremonien.

Aus der Menge herkulanischer Gemälde stechen vorzüglich zwey von der oben angegebenen Art hervor. Man
fand sie vollkommen unbeschädigt, sie sind 2½ Zul hoch
und ohngefähr 28 Zoll breit.

Unendlich schätzbar werden diese Gemälde dadurch,
weil man zuvor schon den Tempel der Isis und andere egyptische Denkmäler zu Pompeji ausgegraben hatte, und also
durch sie eine vollkommnere Vorstellung von den gottesdienstlichen Gebräuchen erhielt. Bey welcher Gelegenheit sie
gefertigt wurden, und was für eine Begebenheit sie eigentlich
vorstellen, läßt sich nicht angeben. Da Plutarch, Pater-
culus und andere Schriftsteller erzählen, daß sowohl die
Neapolitaner, als andere italienische Städte, einst sehr grosse Gelübde für die Wiedergenesung des Pompejus von einer
gefährlichen Krankheit gethan haben, so wäre es nicht unmöglich, daß dieß das Gelübde war, das die Priesterschaft
der Isis zu Herkulanum für die Gesundheit dieses großen
Mannes ihrer Gottheit darbrachte; allein man fühlt doch,
daß der Gedanke eines solchen Herkulanischen Ex - Voto

eine

eine bloße Vermuthung ist; indem diese Gemälde an sich selbst, nichts zeigen, was irgend einen größeren Bezug auf den Vorbegriff, als auf jemand anderes hätte.

Opfer und Gebete nach dem Gebrauchen Isis und Osiris sind es inzwischen unstreitig, nur ihre Ursachen bleiben uns dunkel. Dieser Gottesdienst war den Alten schon geheimnißvoll, und ist es folglich für uns noch mehr. Alles, was die gelehrtesten Männer davon urtheilen, ist dieß, daß Isis und Osiris ein und die nämliche, nur unter zwey Bildern und Geschlechtern vorgestellte Gottheit gewesen sey.

Auf einem von den beyden Stücken zeigt sich ein Priester, welcher mit Ehrfurcht den Umstehenden ein Gefäß darreicht, das als ein Sinnbild und Symbol der Isis betrachtet werden kann, und *Hydria* hieß. Was aber dieses Gefäß eigentlich enthalten haben mogte? — nach der Benennung *Hydria* konnte es nichts anders seyn, als reines Wasser; und reines Wasser war auch bey den ältesten Völkern das Sinnbild der Reinheit. Das andere Gemälde zeigt einen Chor von Musikanten, und einen Tänzer auf einer Art von Bühne, denn bekanntlich waren Musik und Tanz bey den Religionsfeyerlichkeiten der Alten gewöhnlich.

Kurz, die einzelnen Stücke der Gemälde, die Form der Altäre, die Kleidungen der Priester, und selbst die Figuren jenes bey den Egyptern so beliebten und als ein Sinnbild der Gottheit verehrten Vogels, Ibis, alles macht solche dem Alterthumskenner sehr schätzbar.

C 2   Eb

Silen, Bacchanten und andere Gemälde.

Da es unserer Absicht gemäß ist, nur von demjenigen, was die kostbare Sammlung von bemerkenswerthen Seltenheiten enthält, den Lesern eine Uebersicht zu geben; so darf man auch nur die Beschreibung von solchen Dingen hier erwarten, die entweder in Rücksicht der Kunst, oder in Bezug auf die Gewohnheiten und Sitten der Alten, merkwürdig sind.

Vorzüglich verdient unter diese Classe ein Gemälde gesetzt zu werden, das den alten Silen vorstellt, welcher mit dem kleinen Kind Bacchus spielt, und nur Schade, daß elende Zusätze, die sich dabei befinden, dem trefflichen Hauptgegenstande die Wartung benehmen.

Zwo weibliche Figuren scheinen eine Victoria und eine liebenswürdige Tänzerin vorzustellen. Die erstere wird an ihrer Eichenkrone, an ihren Flügeln, und an ihrem Schilde erkannt. Die andere ist eine der schönsten weiblichen Gestalten, die sich nur denken lassen, denn sie vereinigt alle Grazien einer modernen tanzenden Schönheit in sich. Ein gelbes durchsichtiges Gewand verbirgt kaum ihre überirdischen Reize, und scheint ihr vom Tanze zu fliegen, und der schwarze Grund erhebt noch das Lebhafte des Colorits.

Vielleicht suchten die Alten durch Unterlegung eines schwarzen Grundes die Wirkung der damals sehr gewöhnlichen Kameen nachzuahmen, auf welchen die Figuren, wie man weiß, auch helle auf dunklem Grunde erscheinen.

Unter

Unter die vorzüglich verzierten Stücke muß auch eine Bacchantin gezählt werden, die ein Faun umarmt. Kunst und Schönheit verdienen an diesem Gemälde gleiche Bewunderung; sein Umfang ist ein Fuß, vier Zoll Höhe, und ein Fuß Breite. Auch zwo andere Bacchantinen zeichnen sich durch ihre Grazie und Erhabenheit aus, die den alten Künstlern so eigen waren, sie sind auf dunklem Grunde gemalt, und die eine von ihnen trägt den Thyrsusstab und einen Korb auf dem Haupte, die andere aber eine Fruchtschaale und einen Krug.

Alle andere von diesen obengenannten aber übertrifft an Schönheit ein Bas-relief, worauf sich der Eifer und der Tragödie des Euripides befindet, wo Orest und Pylades, auf Toas Befehle, der Iphigenia zum Opfer dargebracht werden. Alles zeugt von der Bemühung des Malers, den Glanz des Dichters vollkommen zu treffen; die beyden Opfer sind mit Blumen gekrönt, mit auf den Rücken gebundenen Händen, von einem Soldaten begleitet, vorgestellt. Die neue Bildniß steht auf einer Tafel, und neben ihr die Personen nebst ihren Gefieldknaben, die sich mit der Zubereitung zum Opfer beschäftigen.

C 3   Kap.

Kap. 8.

Von Bildsäulen, Gefäßen, Altären, Drey-füßen, Lampen, antiken Hausgeräthen und verschiedenen Bruchstücken, und von alten Handschriften.

Außer der kostbaren Sammlung von den eben angezeigten Gemälden, hat man auch in dem Kabinet des Königs von Neapel zu Portici eine beträchtliche Menge von Bildsäulen verschiedener Größe zusammen gestellt, welche gleichfalls aus dem alten Herkulanum gegraben worden und meist von Bronze sind. Auch sie verdienen hier eine flüchtige Anzeige, und wir wollen zu dem Ende nur die schönsten und wichtigsten erwähnen.

Die sämmtlichen Tempel dieser alten Stadt waren bey ihrer Wiederentdeckung noch mit allen den Instrumenten und Geräthschaften angefüllt, die man ehemals zum Dienst der Altäre und der Opfer gebrauchte; auch brachte man deren eine Menge von Marmor, von Bronze, und sogar von Glas hervor.

Die

Die einen dienten zur Ausgießung des Trankopfers, die andern zum Weihwasser, oder zum Aufbewahren des Weins, womit die Opfer besprengt wurden. Alle diese Gefäße, Kelche, Dreyfüße und Opferschaalen sind so edel, so geschmackvoll, daß sie gewiß des Kenners ganze Aufmerksamkeit fanden, daß sie von unsern Künstlern vor andern als Muster genommen zu werden verdienen.

Das einzige, was wir bedauren, mit so vielen Kennern des Alterthums bedauren müssen, ist dieß, daß man hier keine eigentliche ausführliche Nachricht von jenen uns schätzbaren griechischen Handschriften zu geben vermag, die man gleichfalls zu Herkulanum gefunden hat. Denn ob man gleich Anfangs bey ihrer Entdeckung für zweckmäßige und sinnreiche Mittel erfand, diese Werthümer zu lesen und zu entziffern; so läßt doch die geringe Anzahl von denen, denen man dieses Geschäft angewiesen hat, und der wenige Eifer, mit dem es betrieben wird, befürchten, daß man den Genuß dieser kostbaren Entdeckung noch lange vergebens wird erwarten müssen. *)

C 4 Es

*) Zwar liegen die Maschinen sie aufzurollen beständig zum Arbeiten bereit; und so oft ein Fremder von Auszeichnung in das Museum kommt, werden auch einige Worte entrollet, um ihm die Behandlungsart zu zeigen; aber weit ist auch alles, und man schließe hieraus auf den Fortgang der Sache!

Man stelle sich eine hölzerne ganz zu Kohlen verbrannte Rolle, von zweyen bis drey Zollen im Durchschnitt, und von ohngefähr sechs Zollen in der Länge, vor; und man wird einsehen, daß dasjenige, was darauf gerollt ist, zu Stand werden müsse, so bald man es abrollen will, auch gehört zu diesem Geschäfte einen

Es ist bekannt, daß die Alten, weil sie die Buchdruckerey nicht kannten, nur auf Baumrinden schrieben, und zwar vorzüglich auf Häutchen von derjenigen Pflanze, die man Papyrus nannte, und die aus Egypten kam. Man brachte sie auch aus Sicilien, woselbst man sie noch findet. Einige Schriftsteller glauben, das Papier der Alten sey aus solchen

eine Geduld, deren nur wenige Menschen fähig sind. Ihm beschwerigen unternahm es ein Neapolitanischer Mönch, Namens il Padre Antonio Piaggi, mit gutem Erfolg. Er erfand eine Rahme, daß von der Art, wie sie die Perückenmacher zur Zubereitung der Haare haben; die Rolle hängt in der Luft an seidenen Fäden, welche an gewissen kleinen Schrauben befestigt sind, und durch diese wird sodann das Drehen des Blatts bewirkt, ohne daß man nöthig hätte, es mit etwas anderem, als mit sehr feinen Nadeln und Pinseln zu berühren. Diese Rolle bienen nun dazu, die verbrannte Rinde, Stück vor Stück, von einander zu scheiden, nachdem man zuvor die Vorsicht gebraucht hat, aus denen zu mit Gummi unter jeden Buchstaben ein sehr feines Häutchen, gleich einem Goldschlägerhäutchen, zu bevestigen, das fest genug ist, um der Schrift zur Hinwegnahme fähig zu machen. Man schneidet mit Hülfe des Eisens von den Enderblätter des Manuscript, ehe es zu verfahren, nach und nach ab, und bekommt dergestalt endlich das Ganze, welches sodann mit Vorsicht auf die Rahmen gelegt und mit Baumwolle zugedeckt wird.

Auf solche Art hatte man gleich beim Anfang der Entdeckung drey die nun solche griechische Handschriften abgerollt, wovon die eine eine Abhandlung über die Musik enthält. Aber es scheint noch, daß diese Entdeckung seit zwanzig Jahren mehr der gediehen sey, und wahrscheinlich hat man das Geschäfte gegenwärtig ganz aufgegeben. — Doch ist die Anmerkung des Andere, und ich füge ihr die Gedanken eines andern Reisenden bey, weil sie mir hieher sehr passend scheinen. „Das allermerkwürdigste und erstaunlichste sind verbrannte Handschriften, wel

che

fe Materien, und bildeten lange Rollen, die die Alten Volumina nannten. Eine ziemliche Menge, beynahe acht hundert Stücke von solchen Volumianbus hat man in das Königliche Museum gebracht, und ob man schon behaupten darf, daß dieses nicht die unwichtigsten Ueberbleibsel der Herkulanischen Alterthümer sind, so werden sie doch unglücklicher Weise am meisten vernachlässigt.

Unter den unzähligen zum Götterdienst bestimmten Instrumenten, welche in den Tempeln und Gebäuden des alten Herkulanum gefunden worden sind, giebt man auch aus den Privathäusern eine Menge häuslicher Geräthschaften, als Tische, Lampen, Leuchter, von der schönsten Arbeit und Form hervor. Schade nur, daß dem Künstler so selten erlaubt ist, sich Abbildungen davon zu nehmen.

Das Museum enthält noch eine unzählige Menge von Gegenständen aller Art; allein viele davon sind nicht so wohl an sich selbst, als wegen ihrer Erhaltung merkwürdig, und es ist unmöglich, sie alle zu beschreiben. Genug ist es, hier zu bemerken, daß sieben bis acht Zimmer voll großer Behälter stehen, und diese alle mit dergleichen Dingen angefüllt sind. Einer enthält alle nur erdenkliche Arten von Früchten und Eßwaaren, deren Gestalten noch so ziemlich erhalten sind, um sie zu erkennen. Bohnen, Nüsse, Feigen, getrocknete Trauben, ganze Brode, besonders eines, welches acht Zoll im Durchschnitt und vier Zoll Höhe hat, und auf dessen Rinde folgende Worte eingedrückt zu lesen sind: Sagiło, e grandi E Cicere.

Eben daselbst hat man auch Vogel- und Fischer-Netze, Zwirnknäulchen, Strickfäden, Stücke von gedrehten Borten u. dergl. aufgehängt; lauter Dinge, die wegen ihrer feuerfangenden Materie, gewiß nur dadurch erhalten worden sind, weil sie in Kästen oder Schachteln eingeschlossen waren, wodurch die brennende Asche nicht dringen konnte.

In einem andern Behälter werden alle mögliche Bade gerätschaften aufbewahrt, als z. B. Abendschächer, Schab eisen, die man Strigil nannte, kleine Fläschchen zu Oel und wohlriechenden Dingen bestimmt, Becken und Eßgeschirre von Bronze, um das Wasser siedend zu machen.

Musikalische Instrumente, als z. B. Flöten aus Bein gemacht, die glücklicher Weise der Hitze zu widerstehen ver mocht hatten, Klingeln verschiedener Größe von Bronze, elfenbeinerne Theatermarken, Tesserae genannt, worauf die Benennung des Stücks, der Name des Autors und die Nummer des Platzes, welchen man im Schauspielhause er hielt, angegeben waren. Einige von diesen Tesserae ent hielten, wie schon erwähnt worden ist, den Namen des Dichters Aeschylus.

Auch findet man daselbst noch Würfel, die den unsri gen vollkommen gleichen, und was das besondre ist, man sieht welche darunter, die vermuthlich Betrügern gehört haben müssen, indem sie auf einer Seite geöffnet werden können, um Bley hinein zu thun, und auf solche Art den Würfel auf diese oder jene Nummer fallen zu machen. Ein chirurgisches Futteral mit dergleichen Werkzeugen aller Art von Kupfer und Silber.

Einer von den Behältern enthält, unter andern so pwuswurdigen Dingen, kleine Täschchen mit Wachs über
zogen

gen, deren sich die Alten bekanntlich zum Schreiben bedienten, und zwar geschah dieß mit einem Griffel, der unten spitzig, oben aber platt war, um das Geschriebene wieder der auszulöschen zu können. Ohne Zweifel waren dieses kleine Hausuhren oder Schreibtäfelchen, die man in der Tasche bey sich führte. Es fand sich auch zu Herculanum ein Gemälde, welches ein Mädchen vorstellt, die eine solche Schreibtafel in der einen, einen Griffel in der andern Hand hält, und über das nachdenkt, was sie schreiben will. Man zeigt ferner eine Feder von Erzstahl, die wie die unsrigen geschnitten ist, und vermuthlich dazu diente, um mit Dinte zu schreiben; sie ist ein wenig schwarz, aber nicht verbrannt.

In eben diesem Behälter ist auch alles dasjenige befindlich, was zum weiblichen Anzuge gehört. Ringe, Halsbänder, Ohrengehänge, eine goldene Armspange, welche aus zween Halbzirkeln besteht, die von goldenen Schräubchen zusammen gehalten werden. Fingerhüte, silberne mit sehr schönen Figuren gezierte Haarnadeln, welche als ein Beweis dienen, daß es den Damen jenes Zeitalters so wenig an Erfindsamkeit und am Geschmack für ihren weiblichen Putz gefehlt habe, als den unsrigen.

Die Menge der Küchengeräthe war so groß, daß man in dem Rüstsaal selbst eine ganze Küche damit ausschmücken konnte; unter ihnen findet man beynahe alle diejenigen, deren wir uns heut zu Tage noch bedienen, unsere Kochschüssel, unsere Röste u. a. m. Hauptsächlich aber viele kleinere Geräthe von einer Art Metall, das unsern abgezahnten Eisenblech gleicht, und welche zu Gebackenen dienten; diese haben mancherley Figuren, als Sterne, u. dergl. Aber

als

die Messer, die Zangen, und was von Eisen war, hat durch den Rost außerordentlich gelitten. Es scheint übrigens, als seyen die Gefäße, deren man sich zum Kochen bediente, von einer andern zusammengesetzten Art Metalls, und nicht von Kupfer gewesen; mehrere davon waren versilbert.

Die vorzüglichste und wichtigste Sammlung, die sich im Museum vorfindet, sind eine Menge antike Lampen. Weil dieses Hausgeräthe entweder von Bronze, oder von gebrannter Erde ist, so fand man es am wenigsten beschädigt unter den Schutthaufen Herkulanums. Die Einbildungskraft der Alten erschöpfte sich an der Verschiedenheit ihrer Gestalten, worunter manche sehr ins Lächerliche fallen. Sehr viele davon lassen uns durch ihre Form und durch ihre unzüchtigen Zierrathen sehr wahrscheinlich vermuthen, daß sie dem Dienste der Venus geheiligt gewesen seyn müssen. Eine Gottheit, die außer allem Zweifel in allen Städten Kampaniens und besonders zu Herkulanum außerordentlich verehrt wurde. Man darf nur den Blick auf die Menge der silbernen und metallenen Abbildungen Pelaps, wie solche in der Sammlung herkulanischer Alterthümer abgestochen sind, werfen, um sich zu überzeugen, wie sehr die Einwohner Herkulanums an Geist und Sitten verdorben waren.

Bildsäulen zu Pferde.

Jeder Reisende, der nach Portici kommt, und daselbst die sehenswerthige Sammlung von Überbleibseln einer alten, bereits vor achtzehn Jahrhunderten verschwundenen Stadt

Stadt betrachtet, wird gewiß sein vorzüglichstes Augenmerk auf zwo Statuen zu Pferde richten, welche die Königs Söhne Nonius Balbus, Vater und Sohn vorstellen, und in zween Glasschränken eingeschlossen sind, die an der Treppe des Pallastes stehen. Sie sind von Marmor und ehngefähr noch einmal so groß, als die natürliche Gestalt eines Reuters; man fand sie gleich beym Anfange des Nachgrabens und zwar nicht im Theater, wie einige erzählten, sondern im Parkens einer Gebäudes, das am Forum und nahe am Schauspielhause stand. Der Karakter dieser Statuen ist einfach und natürlich, und eben diese Vollkommenheit dieses seltene und schätzbar Verdienst der Alten, läßt uns auch billig einige Fehler übersehen, die man ihnen zum Vorwurf anrechnen könnte.

Man muß übrigens bey ihrem Anblick, in Vergleichung mit den Gemälden Herkulanums, gestehen, daß es die dasigen Meister in der Bildhauerkunst, den Malern ihrer Zeit weit zuvorgethan hatten. Alle Gemälde, die man daselbst fand, besonders die größern, waren, wie schon erwähnet worden ist, sehr unrichtig gezeichnet, und hatten weder in Rücksicht der Erfindung, noch des Kolorits, etwas vorzügliches, einige wenige ausgenommen, deren oben bereits gedacht wurde. Da im Gegentheil diese zwo Bildsäulen, wenige Fehler abgerechnet, nebst einer Menge anderer dergleichen, ohnwidersprechlich viel mehr Kunst und Schönheit in sich enthalten. Auffallend ist die genaue Aehnlichkeit beyder Statuen, wovon, die Köpfe ausgenommen, eine von der andern abgenommen zu seyn scheint; folglich eine Sache, die zu unsern Zeiten dem Künstler den

Vor

Vorwurf zu wege bringen würde, es habe ihm an erforderlichen Geräte gefehlt. Die Pferde erheben zugleich die zwey Füße der nämlichen Seite, und scheinen folglich im Paß zu gehen, welches nicht der gewöhnliche Gang des Pferdes ist. Vielleicht war diese bequeme und sanfte Art des Reutens bey den Alten gewöhnlicher, und schien also dem Künstler schicklicher für Personen, die nicht eben in einer ausgezeichneten Stellung abgebildet werden sollten. Die Figur des jungen Sohnes wurde vollkommen unbeschädigt gefunden; allein an der Bildsäule des Vaters fehlte der Kopf und der eine Arm, welche man also ergänzen mußte.

Es ist zu bedauren, daß diese marmorne Bildsäulen gegenwärtig mit einer Erdfarbe übertüncht sind, welche dazu dienen sollte, um die neuen Ergänzungen zu verbergen.

Vorzüglich schön sind an der Bildsäule des Sohnes die Leichtigkeit, der Anstand und der Ausdruck des Kopfes, welcher unbedeckt ist, dann die Arme, die Schenkel und Beine. Die ganze Kleidung besteht in einem Chlamys, unter welchem ein bloßer Panzer hervorblickt, in Halbstiefeln, und ein artiger Mantel, welcher nur die linke Schulter und die rechte Hand bedeckt, die den Zaum hält. Der andere Arm ist bis zur Höhe des Kopfs erhoben, ohne daß dieses die Stellung der Figur gezwungen machet, oder ihr den natürlichen Anstand benähme. Der Reuter sitzt sehr ungezwungen, und ohne jene Steifigkeit zu Pferde, die man gemeiniglich für etwas edles nimmt, die aber im Grunde bloße Zwererey ist. Die Füße hängen ziemlich gleich abwärts, und sind, so wie die Knie, sehr fein gearbeitet. Bey weitem nicht so vollkommen ist das Pferd; ob man schon manche Schönheiten

ten an selbigen gleichfalls bewundern muß. Seine Bewegung, im Ganzen genommen, gefällt; aber unendlich besser wird es, im einzelnen betrachtet. Der Hals ist zu mager, die Augen übel gefaßt, obschon voll Ausdrucks; die Beine, im Verhältniß gegen den Rücken, sind viel zu dünne, und der aufgehobene vordere Fuß scheint etwas zu lang zu seyn. Das Vordertheil des Haupts und die Nasenlöcher aber sind so natürlich, daß man sich vorstellt, sie dörrn boten zu sehen. Ueberhaupt haben diese Pferde viel Aehnliches mit dem Pferde Marc=Aurels; obgleich weit mehr Natur und viel weniger Steifheit als jenes, und ich glaube darinnen behaupten zu dürfen, daß wir es in Ansehung der Pferde, den Alten in der Bildhauerkunst weit zuvor gethan haben. Es wird nicht unangenehm seyn, hier eine Anekdote angerückt zu finden, welche Bezug auf diese Nachricht hat, und die Dancarville in seinem Werke über die Etruskischen Gemälde erzählt.

„Als ich,‟ spricht er, „zu Cadix war, so erzählte „mir der, in der Feldmeßkunst so berühmte damalige Kom„mandant der Seesoldaten, Don Georg Juan: einige „Soldaten der Garnison hätten, als sie von dem Terra firma „über den Isthmus zurück gekehret seyen, auf einem Flusse, „von welchem das Meer beynahe eine französische Meile zu„rück getreten wäre, einen aratsten Tempel in Form einer „Rotunda entdeckt, welcher noch vollkommen unbeschädigt „da gestanden habe; und dessen Lage er mir von der Höhe „des Observatorium, wo wir waren, zeigte. Dieses Ge„bäude habe die Höhe eines ohnweit Cadix am Seeufer be„findlichen Thurms gehabt. Die ersten Entdecker hätten sich „hinein

...dem Feuer des Vesuvs zerstört, eine wie die andern, nach vielen hundert Jahren Vergessenheit, in unsern Tagen wieder entdeckt worden, und beynahe wäre ich, während meines Aufenthalts zu Neapel, der Augenzeuge einer nochmaligen Verheerung Herkulanums, durch die Lava des Vesuvs, geworden; so daß auch das alte Stadt wenige Augenblicke nach seiner Entdeckung wieder in den Wogen fortschwamm. Dieß geschah, wenn ich mich nicht irre, ohngefähr jedes Jahr nach dem unglücklichen Erdbeben, bey welchem die nämlichen zwey Elemente sich gegen einander empörten, die ohnmals Herkulanum und Neapel zerstört hatten..." Danckwerth, S. 28. Band 2. [*])

Von einigen andern Bildsäulen.

Der größte Theil, und man darf beynahe sagen, alle zu Herkulanum gefundene Statuen sind von Metall, denn außer der oben beschriebenen, fand man fast keine von Marmor.

Es ist als etwas besonderes zu bemerken, daß, ohngeachtet Plin und andern Schriftstellern des Alterthums einer Menge

[*]) Dupaty sagt in seinen Briefen über Italien folgendes über diese beyden Bildsäulen, "...und anders bemerkt man daselbst die Statuen zu Pferde des einen und des andern Balbus, die Denkmäler der Dankbarkeit, oder auch der Schmeichelen; denn zu allen Zeiten hat man ehrlichen Bildsäulen errichtet. Ich kann nicht sagen, daß die Statue des Sohns mich so entzückte, wie so manchen Kunstliebhaber. Er saß sehr natürlich zu Pferde; allein seine Züge sind unedel, er hält sich wie ein Bauer, und das marmorne Pferd scheint auch weiter nichts, als ein Pferd von Marmor..."

Sie

Note: text heavily degraded; best reading

Menge von metallenen Bildsäulen erwähnen, und darunter verschiedene Meisterstücke griechischer Künstler nennen, man doch zu Rom und anderwärts nur sehr wenige, an Werth Bildung gegen die steinernen und marmornen, gefunden hat.

Vermuthlich kam dieß daher, weil solche bey den Verheerungen der großen italiänischen Städte des Alterthums schmolzen; wahrscheinlicher aber, nach, weil man das Metall umschmolz, und Münzen daraus prägte; und wenn das wahr ist, was viele herrliche Meisterstücke hat uns denn nicht Rohheit und Habsucht geraubt?

Der Untergang der Städte Herkulanum und Pompeji diente also doch wenigstens dazu, um die Schätze, die sie in sich schlossen, vor der Barbarey der Menschen zu sichern, und unsern Zeiten eine Menge von schätzbaren Kunstwerken aufzubewahren.

Die Anzahl der Statuen von verschiedener Größe soll sich über 150 Stücke belaufen; wir nennen aber hier nur die vorzüglichsten.

Unter diesen verdient, wegen ihrer Vollkommenheit und Schönheit, die Statue des Merkurs mit allem Rechte den Vorrang. Man fand sie in den Ruinen von Portici 1758. und ihre Form ist von natürlicher Größe. Welcher Künstler sie gefertiget haben mag, läßt sich nicht mit Gewißheit angeben. Man spricht von mehrern berühmten Bildsäulen Merkurs, welche Polyklet, Lysipp und Praxiteles verfertiget haben sollen; sie kann also das Werk eines von jenen berühmten griechischen Künstlern seyn.

D 2   Eine

Eine weibliche Figur, die man 1730. zu Herculanum fund, und die einen Theil der Zierrathen auf der zugleich mit dem Schauspielhause entdeckten Quadriga ausmachten, verdient wegen des Edeln und Schönen ihrer Figur und wegen der Leichtigkeit ihres Gewands die zweite Stelle unter den Kunstprodukten dieser Art. Nach der Krone ihres Hauptes ist zu schließen, ist es eine Juno.

Nicht minder kunstvoll und merkwürdig ist ein betrunkener Silen oder Faun. Er liegt ausgestreckt auf einem Löwenhaut, stützt sich mit dem linken Arm auf einen Schlauch, und seine Größe überreicht die natürliche Größe durch Menschen. Die Zeichnung ist vollkommen regelmäßig, so wie der Ausdruck des Trunkenheit, und jener ausgelassenen Freude, welche sich besonders durch das Bewegungen der Finger an der rechten Hand äußert. Ein Zeichen, das heut zu Tage noch die Ausgelassenheit und Lustigkeit andeutet. [*]

Eine Victoria von außerordentlicher Schönheit wird von den gelehrten Verfassern der Unterhaltungen zu den Herkulanischen Sammlungen für ein vollkommen kritisches Stück gehalten; sie glauben, daß man aus ihrem Pinsel, aus ihrem Hals- und Armbändern schließen müßte, die man an vielen hetrurischen Figuren, gerade von der nämlichen Art findet. Sie ist nackt, und scheint einen Panzer im Triumphe zu tragen; ihre Größe beträgt gegen acht Zoll. Die Bewegungen, der Anstand, welche dieses Stück aus-

jeichn-

gleichsam, werden sehr selten in Stücken aus jenen Zeiten des verfeinerten Alterthums gefunden.

Die Bildsäule einer Venus erkennet man an dem Delphin, der ihr zur Seite steht und den man auch bey der berühmten mediceischen Venus findet. Der Künstler stellt sie so vor, als wenn sie eben im Begriff wäre, sich jenen Fußschmuck anzulegen, welchen die alten Römer Armilla, und die Griechen Periscelides nannten; *) eine Zierde, womit sich die Weiber des Alterthums, besonders die egyptischen Frauen, gewöhnlich Hände und Arme zu schmücken pflegten. Diese Figur beträgt mit dem Fußgestell nur 6 Zoll.

Eben so sehr zeichnet sich unter den Bildsäulen eine Diana aus; sie scheint im Laufe begriffen zu seyn, und einen Pfeil abzuschießen. Nächst dieser verdient ein anderer Merkur mit dem Geldbeutel, als der Gott der Handlung vorgestellt, und endlich eine Glücksgöttin mit dem Horn des Ueberflusses, angezeigt zu werden; diese drey Figuren sind von der Höhe eines Fußes.

Zweyte Abtheilung der Statuen. **)

Hier muß ein schloßender Raum von merklicher Stärke noch bemerkt werden. Die Ruhe des Schlaßes ist mit so

D 3 viel

*) Nicht nur Weiber, sondern auch Männer, und besonders Krieger trugen dergleichen armillas, zur Zierde und als ein Zeichen der Ehre.

Ue.

**) Um kein Mißverständniß zu veranlassen, muß hier bemerkt werden, daß diese zweyte Abtheilung nicht Figuren enthält, die der ersten

oͤfter Wahrheit in dieſer Figur ausgedruͤckt, daß ſie mit
Recht unter die vorzuͤglichſten Bildſaͤulen Herkulanums gerechnet werden kann. Außer den kleinen Hoͤrnern, welche
die Natur des Fauns anzeigen, muß man auch die zwo El-
chen bemerken, die ſich unten am Rum befinden, und welh
die den Boͤcken und andern Thieren ſolcher Art eigen ſind.

Zwo andere Figuren, vermuthlich Darſtellungen junger
Schmaͤhfrauinnen vom Stande, welche dazu beſtimmt waren, am Feſte der Ceres, der Minerva oder des Bacchus
Kleid und andere zum Opfer beſtimmte Dinge zu tragen,
ſind gleichfalls ſehr ſchoͤn und ſehenswerth. Sie werden
Canephoren genannt, von Caniſtrum oder Caniſter ein Korb.
Nach den Erzaͤhlungen Ariſtophanes und Theocrits mußten
es Jungfrauen und durften ſogar nicht uͤber zehen Jahre
alt ſeyn, um an den Feſten Dianens dienen zu koͤnnen.
Zum Dienſte anderer Gottheiten aber wurden verſchiede-
ne Frauen von verſchiedenem Alter genommen.

Die eine von beyden iſt mit einem Mantel oder Ueber-
rock angethan, welcher mit einer Spange uͤber den Schultern feſt gemacht iſt, und den die Alten Peplon nannten;
ſo wie der Mantel der Maͤnner Chlamys hieß. Beyde Statuen ſind ſehr groß, haben mehr als ſechs Fuß Hoͤhe, und
ſtehen in einer Reihe von fuͤnf dergleichen Korb- oder Schaa-
lentraͤgerinnen.

Eine

erſten an Schoͤnheit nachſtehen; ſondern daß ſie nur auf die
dem gelehrten Werke angefuͤgten Kupferplatten Bezug hat, und
hier, der Ordnung wegen, beybehalten worden iſt.

He.

Eine andere Bildsäule stellt ein rasendes Weib vor, die, mit dem Helm auf dem Haupte gezieret, so eben einen Wurfspieß nach dem Feinde zu schleudern scheint. Dieses Stück erregt besonders die Aufmerksamkeit des Forschers, weil es die Wahrscheinlichkeit jener berüchtigten Kriegerinnen zu bestätigen scheint, die man Amazonen nannte. Unter allen Fabeln, welche die Erzählungen dieser Heldinnen verschönern, kann man wenigstens diejenige gewiß für eine bloße Erdichtung halten, welche behauptet, sie brennten oder schnitten sich die rechte Brust weg, um die Waffen desto besser zu gebrauchen, den Wurfspieß leichter werfen zu können; denn vom Gegentheil zeiget diese Bildsäule, welche aber die rechte Brust unbedeckt trägt, ohne daß man eine Verstümmelung an diesem schönen weiblichen Busen gewahr würde. Die ganze Höhe des Stücks beträgt sechzehn Zoll.

Die ungewöhnliche Stellung und Schönheit einer aus dem Staube erhobenen gleichfalls bemerkt zu werden. Ein Mann, mit keinem andern Gewande, als einem Mantel bekleidet, den rechten Fuß auf einem Block gestellt, und den rechten Ellenbogen auf dessen Knie gestützt, indeß der linke Arm unter dem Mantel verborgen ist, scheint so mit in die Höhe gekehrtem Gesicht in der Betrachtung irgend eines Gegenstandes vertieft zu seyn. Seine erhabene Mine, und die auf seinem Haupte angebrachten Hörner lassen vermuthen, daß dieß die Vorstellung einer mächtigen Person seyn müsse; denn Hörner waren bey den alten Griechen und Römern das Zeichen von Größe, Macht und Würde. Andere Büsten und Werkelten zeigen uns Alexandern mit solchen Hörnern geziert, weil er vom Jupiter Ammon abstammen

D 4   sollte.

sollte. *) Einige Gelehrte haben diese Figur für den Ele...us Milеcror gehalten, einem Nachkömmling Mithradates, von welchem man erzählt, er habe einst bey einem Opfer einen losgerissenen wilden Stier allein aufgehalten und zurück getragen, welche That ihm auch den Schmuck der Hörner, als das Zeichen der Stärke und Kraft, zuwege gebracht haben mag.

Nicht minder angenehm ist die Figur eines gestügelten Kindes, welches in der linken Hand eine Weintraube, und unter dem linken Arm ein Thier, gleich einem Hasen, trägt. Die Traube läßt vermuthen, daß diese artige Figur ein Genius des Bacchus sey, indeß man aus dem Hasen auf einen Amor schließen könnte, weil bekanntlich die Alten dieses Thier der Venus eigen glaubten.

Unter die schönsten Statuen der Herkulanischen Sammlung des Museums zu Portici darf man ferner mit Recht auch die kleine Figur einer Tänzerin zählen, die von einigen Alterthumskennern für die Göttin des Glücks gehalten wird, weil sie mit den Spitzen der Füße eine Kugel berühret. Wirklich zeichnet sich, wie man weiß, diese Göttin in einigen alten Denkmälern durch ein Rad oder eine Kugel aus, die Kennzeichen der Unbeständigkeit. Uns scheint es inzwischen viel natürlicher, sie für eine Tänzerin oder Springerin zu halten, die auf einer Kugel balancirt, denn der

---

*) Dieses scheint von den Griechen und Römern auch zu den Deutschen übergegangen zu seyn, denn daß diese an ihren Helmen Hörner trugen, zeigen uns eine Menge alter Denkmäler.

Ic.

der Geschmack der Alten an diesem Stücke von Geschicklichkeit ist aus der vorhergehenden Beschreibung schon bekannt. Von gleicher Schönheit ist ein Tänzer, welcher auf den Spitzen der Füße sich dreht.

Es ist zu vermuthen, daß beyde Figuren etruskisch sind, ihr Schmuck, besonders das Halsband der Tänzerin, schienen dieß zu erkennen zu geben, inzwischen haben sie beynahe so zu viel Anmuth und Edles, als daß man sie in jene Zeiten zurück setzen kann, in welchen die Kunst noch in der Wiege lag; die Tänzerin hat sechzehn Zoll Höhe, und der Tänzer neun und einen halben.

Gefäße, Dreyfüße, Leuchter, andere antike Hausgeräthe und musikalische Instrumente.

Da wir in den vorhergehenden Blättern einige Rechenschaft ertheilt haben, zu welchem Grade von Vollkommenheit die Bildhauerkunst der Alten gestiegen war; so wollen wir hier auch eine Beschreibung der gefundenen alten Hausgeräthe folgen lassen.

Die Sammlung dieser Stücke ist um so merkwürdiger, weil wir uns durch sie, der Schönheit und des guten Geschmacks, der aus ihnen hervor blickt, nicht einmal zu gedenken, mancherley Dinge zu erklären vermögen, wozu sie, sowohl in Ansehung gottesdienstlicher Gebräuche, als auch häuslicher Bedürfnisse und Gemächlichkeiten, gedient haben müssen.

Unter den Gegenständen der Neugierde, die den Blick in einem der ersten Gemächer des Museums zu Portici auf sich ziehen; welchen wir zwo runde Tafeln von Marmor besonders hier anzeigen. Sie ruhen auf Löwenklauptern, der vom Leib sich in Klauen endigt. Dieses Gestell wird von drey Querstangen zusammen gehalten, und solche verdinigten sich in einer runden, mit einer Nase gezierten, Platte. Jede von diesen Tafeln trägt einen Dreyfuß von der vortrefflichsten, geschmackvollsten Arbeit. Das Gestell des einen besteht aus drey Satyrn, oder Priapen; das Gestell des andern aber aus drey Sphinxen, welche von Löwenklauen getragen werden, die sich zuletzt in Klauen endigen. Nach den Sphinxen zu urtheilen, möchte dieser Dreyfuß zum Dienste Apolls gedient haben. Er besteht aus Metall, ist, wie schon gesagt wurde, sehr zierlich gearbeitet, und seine Höhe, das Fußgestell mit gerechnet, beträgt über und dreyßig und einen halben Zoll.

Eine Sella curulis, welche im alten Schauspielhause gefunden wurde, muß gleichfalls bemerkt werden, sie ist von Metall und hat ohne Zweifel zum Sitz des Konsuls oder anderer obrigkeitlichen Personen im Theater gedient.

Was die antiken Lampen, Leuchter, Schalen, Kessel u. dergl. anlangt; so muß man gestehen, sie sind von dem trefflichsten Geschmack, sie übertreffen alles, was sich nur schwerer in der Art denken läßt. *)

Eine

*) „Auf die Verfertigung der Lampen,„ sagt Dupaty in den angeführten Briefen, „verwendeten die Römer ganz besonders „Fleiß. Der Zierrathen, wie der Gestalten ihrer Lampen sind „gleichsam beladen; es sind Thier- und Menschengestalten, mit „denen der Einbildungskraft schwellt, zu denen der Geschmack „Wähle

Eine besondere Bemerkung verdienen ferner zwei Kopf-
nadeln von außerordentlicher Zierlichkeit und Feinheit.
Sie sind von Silber, haben ohngefähr 8 Zoll Länge, und
man sieht oben an Kopfe der einen, Venus, die ihre Haare
schmückt und sich in einem vom Amor ihr vorgehaltenen
Spiegel besieht. Der Kopf der andern stellt Amorn und
Psychen vor, die sich umarmen. Noch gegenwärtig pflegen
Italiens Frauen ihre Haare mit solchen Nadeln zu beßten.

Das wichtigste und bemerkenswertheste von allen diesen Ueberbleibseln der Vorzeit hat uns ein Dreyfuß zu seyn
geschienen, der wahrscheinlich dem Dienste Priaps gewidmet
gewesen war; er befindet sich im Musäo beym Dreyfuß
Apolls; steht auf einer eben solchen runden Tafel, und ist
eben so Zierde voll. Nichts übertrifft wohl an Kunst und
Feinheit die Köpfe der Satyrn, und auch die übrigen Verzierungen desselben sind voll des reinsten Geschmacks. Seine Höhe ist zwei Fuß, neun Zoll. Unmittelbar nach diesem bedampert eine sonderbar gearbeitete kleine eherne Stirlis,
welche ohne Zweifel eine Art von Ex voto gewesen war.
Eine Vermuthung, wozu ihre halbmondförmige Figur, das
Symbol Dianens, der Adler, ein Kennzeichen Jupiters, und
die zween Köpfe, welche sich an den Spitzen der Hörner
befin-

„Wohlgefallen fand. — Eben diese Zierlichkeit und eben diese
„Kunst bewundert man nicht minder an den größern Geräthen,
„den Dreyfüßen, den Leuchtern; unter andern an einem
„Dreyfuß, aus drey Satyrn gebildet, die auf ihren Köpfen ei-
„nen großen Kessel trugen. Wunderlich erscheinen sie, und dem Erz
„ist Leben angegossen. — — — Die Form der Gefäße, zu-
„mal der Becher ist entschieden schön; man will so gern daraus
„trinken. „ — —

besinden, und den Bildnissen Minervens und Juno's gleichen, Anlaß genug geben.

Zwey Gefäße endlich von gebrannter Erde stellen grobe feste menschliche Figuren vor und scheinen Theelännchen gewesen zu seyn, oder doch wenigstens zu einem ähnlichen Gebrauche gedient zu haben. *)

Eine Menge musikalischer Instrumente wurden gleichfalls unter den Ruinen der oft erwähnten Städte gefunden, und auch von diesen muß hier etwas weniges geschrieben zu reden.

Die Leyer. Man fand sie auf zweyerley Art, und sie war bekanntlich dasjenige Instrument, welches die Alten besonders schätzten, und auf welchem sie einen vorzüglichen Grad der Vollkommenheit erreicht hatten. Die Fabel schreibt ihre Erfindung dem Gotte Merkur zu, welcher sich anfangs einer Schildkrötenschaale bediente und an dieser die Saiten befestigt haben soll; woher sie auch den Namen Testudo erhielt.

Die Zahl der Saiten an dieser Leyer war sehr verschieden; die ersten griechischen Tonkünstler Terpander und Olymp hatten nur drey; Thimotheus von Milet aber brachte es auf zwölf. Sie ward auf zweifache Art gespielt, entweder nur mit den Fingern allein, oder mit einer Art von Haken, den man Plectrum nannte und mit welchem

man

*) Die Alten machten zwar nicht eigentlich Thee, aber warmes Wasser, und es waren bey den Römern eigene Häuser, gleich unsern Kaffeehäusern, wo man damit bediente.

M.

*Ein antiker Altar, eine Lampe, verschiedene
Opfer- und andere Gefässe.*

man ihr mehrere Töne abgewinnen konnte. Inzwischen bedienten sich, wie es scheint, die größten Virtuosen auf diesem Instrumente, als z. B. ein Aspendius, doch allein der Finger bediente. Es läßt sich nicht zweifeln, daß die Lyra, wenn ein Künstler sich auf solcher Ehren beß, die rührendsten harmonischsten Töne von sich gegeben haben müsse. Vorzüglich pflegten die Alten die Gesänge und die Hymnen der Dichter mit selbiger zu begleiten, welche meist das Lob ihrer Götter oder Helden enthielten; woher auch die Benennung Lyrischer Gedichte ihren Ursprung hat.

Das Systrum. Dieses Instrument diente hauptsächlich bey gottesdienstlichen Feyerlichkeiten der Egypter, war von Metall und glich beynahe unsern Baßschlägern. Seine beyden Seiten waren durchlöchert, und in ihnen saßen drey bis vier kleine bewegliche metallne Stäbchen von verschiedener Dicke quer über, welche beym Schütteln des Instruments mehrere Töne von sich gaben, die aber ebenso der das Ohr zu betäuben, als ihm zu schmeicheln fähig gewesen seyn müssen. Unten hatte diese Cymbel einen Handgriff, und der ganze Kunst, sie zu spielen, bestand in der Verschiedenheit der Töne, die man durch die Erschütterung derselben hervor zu bringen wußte. *)

Das Crotalum, oder die Klapper, war hauptsächlich bey dem Dienste der Cybele gebräuchlich. Man schlug sie

*) Apulejus in seinen Metamorphosen beschreibt es also: Aeneum crepitaculum, cujus per angustam laminam in modum baltei recurvatam trajectae mediae paucae virgulae, crispante brachio trigeminos, ibus, reddant sonum sonum.

sie beynah wie unsere Becken, mit denen sie viel ähnliches hat, und sie thaten sehr hell, weil sie aus Kupfer bestand. Ihre Gestalt glich den Tassen oder Glocken, und oben war ein Ring befestigt, um sie mit der Hand fassen zu können. Die Priester der Cybele, Corybanten genannt, bedienten sich ihrer am meisten bey den Festen ihrer Göttin. Die Dichter stellen sie, nach dem Schall der Crotalen, tanzend vor, die sie hielten und gleichsam mit einer rasenden Begeisterung schüttelten, welche sie auch ihren Zuschauern mitzutheilen suchten.

Die dreyeckichte Harfe. Dieses Instrument scheint die älteste Form der Harfe gewesen zu seyn, welche nach und nach verbessert und zu größerer Vollkommenheit gebracht wurde; man findet es bald mit mehreren, bald mit weniger Saiten besetzt.

Die kleine Handtrommel. Sie ist im geringsten nicht von denjenigen unterschieden, welche heut zu Tage noch üblich sind.

Von allen diesen Instrumenten werden allein das Systrum und die Cymbale ganz unversehrt gefunden, weil sie ihrer Materie nach dem Feuer widerstanden; auch fand man Flöten von Bein und Elfenbein. Die Vorstellung der übrigen aber hat man bloß den antiken Gemälden zu verdanken.

Antike Lampen und andere Gefäße.

Solche Hausgeräthe sind unter den Ruinen Herkulanums und Pompeji häufig gefunden worden.

Deßen

Besondere Geschicklichkeit leuchtet aus den kleinern Gefäßen hervor, welche sowohl in Rücksicht der Models, als auch in Ansehung der Versilberung, Bewunderung erregen. Hier müssen vorzüglich zwo Rauchpfannen oder Bierfässer (denn wahrscheinlich waren sie das) beschrieben werden. Die eine davon hat die Gestalt eines viereckigten, mit vier Thürmen versehenen, Bollwerks, in dessen Innerem vermuthlich das Feuer oder die Kohlenlagen, durch welche das Wasser oder die Getränke, die in den vier Thürmen enthalten waren, heiß gemacht wurden.*) Das andere gleicht einem Taufbecken, und enthielt vermuthlich in der viereckigten Tasse das Wasser, im Rohr aber das Feuer, um es zu wärmen.

Zwo Lampen sind merkwürdig wegen ihrer drolligten und zugleich angenehmen Figur. Ein Kind sitzt auf einem Stühlchen, hält zwischen den Knieen ein Rauchfaß, und scheint sich wärmen zu wollen; hierinn wurde wohl nichts anders, als wohlriechende Dinge gebrannt. Eine andere Lampe stellt einen nackten Knaben vor, welcher in der linken an einer Kette eine Rauchpfanne hält und neben einer Säule steht, auf welcher ein Kopf oder eine Larve liegt. Das Fußgestell derselben ist ein länglichtes Viereck.

Schaalen, Gefäße, Lampen zum gottes-dienstlichen Gebrauch gehörig.

Die meisten Gefäße von dieser Art sind aus Metall gefertigt.

Das

*) Sie scheint gerade der Fall umgekehret, der Wasser nämlich in der Mitte und in den 4 Thürmen das Feuer enthalten gewesen zu seyn.

Das Schönste davon scheint unter die Klasse derjenigen zu gehören, die man Praefericulum nannte. Seine Höhe beträgt ohngefähr zween Fuß, die Handhabe schließt sich, wenn sie herabgelegt wird, in Form eines Halbzirkels an den Rand des Gefäßes an, um welchen ein zierlich gegossenes Laubwerk läuft. Nicht minder Aufmerksamkeit verdienen die zu den Abathunen gehörig gewesene Krüge und Schaalen, Paterae genannt; sie sind in großer Anzahl vorhanden, bestehen meist aus weißem Metall; sind mehrentheils prachtvoll gearbeitet, und haben gewöhnlich eine runde Oeffnung mit länglichter Schnauze, die sich hinten an der Handhabe mit einem Stier- oder Pferdekopf endigt. Man brauchte sie auch bey Bädern, um Wasser über den Leib zu gießen.

Eine Lampe von sehr artiger Erfindung fällt Fremden besonders in die Augen. Sie zeigt am meisten Nachdenkliches von allen diesen Kunstprodukten, und, indeß die übrigen groteske Figuren darstellen, besteht sie aus zwey Schweinsmuscheln, welche durch Kettchen an einem Stiele befestigt sind, der mit einem Baumstamme viel ähnliches hat. *)

Die

*) Dupaty beschreibt in seinen Briefen eine ähnliche Lampe, von der man fast glauben sollte, daß es die nämliche wäre, wenn er nicht die Zahl der Lämpchen verschieden angäbe. Er sagt: „an einem Ende einer ehernen Tafel steigt ein alter Baumstamm „hervor, der schon entblättert da steht, und bald auch seine Ae„ste einbüßen wird. An diesen Aesten hängen, vermittelst leich„ter Ketten, in verschiedener Höhe und mit verschiedenen Zwi„schenräumen, sieben oder acht kleine Lämpchen von Erz, jede „von verschiedener Größe und Figur, jede mit bewundernswür„diger Kunst und Zierlichkeit verfertigt."

Re.

Die Alten bemühten sich, die Gestalten dieser künstlichen Gefäße zu vervielfältigen, und fielen eben deswegen sehr oft ins Unnatürliche.

Einer egyptischen Göttin, die auf ihrem Schooße ein Kind trägt, von den Egyptern Orus genannt, gebühret der Vorzug unter den Bruchstücken. Diese kleinen Götterbilder sind sehr gemein bey jenem Volke gewesen, und auch zu Herkulanum häufig gefunden worden.

Eine mit Reifen und Armschienen bewaffnete Hand folgt dieser. Sie ist von übernatürlicher Größe, und hat vermuthlich zur Bildsäule eines zum Kampfe gerüsteten Fechters gehöret. Die Römer nannten diese Art von Ringern Cestus, und die Klopffechter bedienten sich ihrer, um den Schlägen mehr Gewalt zu geben, die jene Unglücklichen einander beybrachten. Die Armschienen scheinen aus mehreren ledernen Häuten zusammen gesetzt, und um Hand und Vorderarm gebunden worden zu seyn, welches ohne Zweifel der Bewegung stärker und den Schlag gewisser machte; eine grausame Erfindung!

Bekannt ist die Beschreibung Virgils von diesem Cestus; sie befindet sich im fünften Buch der Aeneide, wo er den Kampf und die Ausforderung des alten Entellus und des Dares erzählt.*)

Eine

*) . . . . Sic deinde locutus.
In medium geminos immani pondere Cestus
Projecit, quibus acer Eryx in proelia suetus
Ferre manum, duroque intendere brachia tergo:
Obstupuere animi, tantorum ingentia septem

Aenep. u. Virgil. III. 24.   C   Terga

Eine Menge Hausgötter, die bekanntlich Lares hießen, und denen die Alten die lächerlichsten Gestalten gaben, ward auch bey der Entdeckung Herkulanums an das Licht gebracht. Hiezu gehört vorzüglich ein Faun, welcher auf einem Schlauche reutet, und solchen bey den Spitzen, gleichsam als bey den Ohren hält. Diese närrische Figur machte einen Theil einer metallnen Fontaine aus, welche zehen Faunen von gleicher Gestalt rings umgaben, und Wasser in das Becken derselben gossen. Mitten inne saß nun der alte Silen und goß gleichfalls aus seinem Schlauche Wasser herab. Petronius spricht im sechs und dreyßigsten Kapitel, bey der Erzählung des Gastmahls, welches Trimalcion gab, von einer ähnlichen Fontaine, und mehrere Schriftsteller erwähnen solcher, aus Faunen und Satyrn gebildeter Brunnen, welche bey den Gastereyen gebraucht wurden.

Endlich können wir nicht umhin, hier noch zweer metallenen Figuren zu gedenken, die zu Pferde sitzen, und im größten Galopp zu reuten scheinen. Weder Sattel noch Zaum wird man an ihnen gewahr, und ihre ganze Stellung zeigt, daß sie wohl nichts anders, als Kunstreuter, vorstellen sollen, welche bey den Alten unter dem Namen Desultores so bekannt, als beliebt waren. Blos mit Worten und Bewegungen des Körpers mußten sie die Pferde zu regieren, und nicht nur verschiedene Schriftsteller geben bey

der

Terga boum, plumbo insuto ferroque rigebant;
Ante omnes stupet ipse Dares, longeque recusat -
Magnanimus Anchisades, et pondus, et ipsa
Hos illud vinclorum numensa volumina versat.

der Beschreibung der Pferdemenen in Elerus von solchen Pferrewürdigen Nachricht, sondern auch die Zierathen an der trojanischen Säule stellen eben auf diese Art die Rau mürrische Reuterey vor.

Phallen oder Priapen,
welche zu Herkulanum gefunden worden sind.

Unter die große Anzahl von Seltenheiten, die das Museum von Portici aufzuweisen hat, gehören auch die vielen Phallen ($\Phi \alpha \lambda \lambda o i$) oder Priapenbildnisse, welche im Schutt zu Herkulanums ihr Grab gefunden hatten, und daraus hervorgezogen worden sind. Wir müssen hier unsern Lesern einige Nachrichten von diesen Bildern geben, die gewiß unter die sonderbarsten Ueberbleibsel des Alterthums gezählt zu werden verdienen. Zwar hat man zu Neapel die seltensten davon auf einer eigenen Kupferplatte vereinigt; allein eine ausführliche Beschreibung solcher Gegenstände würde mit unsern heutigen Begriffen vom Wohlstand allzu sehr im Kontrast stehen, und wir wollen also Leser, denen an den folgenden kurzen Nachrichten hievon nicht genügen sollte, auf den 4. Theil der Herkul. Sammlung, S. 363. u. f. selbst verweisen; woselbst sie diesen Stoff mit aller möglichen Gelehrsamkeit und Genauheit abgehandelt finden werden.

Es ist gewiß eine von den wunderlichsten Verirrungen des Alterthums, Dingen eine Art von gottesdienstlicher Verehrung zu widmen, die wir als geil und unanständig betrachten würden.

E 2   Die

Die Fabellehre läßt nämlich, wie wir wissen, den Priap vom Bacchus und der Venus abstammen; seine Verehrung scheint aus Egypten, wo sie hauptsächlich zu Hause war, nach Griechenland, und von Griechenland nach Rom übergegangen zu seyn. Deutlich erhellt es inzwischen aus den Geschichtschreibern des Alterthums, einem Herodot, Plutarch, und Diodor, daß dieses Sinnbild der Zeugung, schon bey den ältesten Völkern und in den entferntesten Jahrhunderten, ein Gegenstand der größten Verehrung gewesen seyn müsse. Vorzüglich wurden ihr auch die Bacchusfeste gewidmet.

Athenäus spricht von einem berüchtigten Bacchusfeste unter Ptolomäus Philadelphus, bey welchem man einen goldenen Phallum von hundert und zwanzig Ellen Länge *) im Triumph umher trug, der am äußersten Ende mit einem goldenen, sechs Ellen an Umfang haltenden Stern geziert war. Vermuthlich eine Anspielung auf den Stern der Venus. Die Erzählung befindet sich im 5ten Buch des oben angeführten Schriftstellers, S. 201. Und weil man den Merkur für den Gott der Schweigerey hielt; so läßt es sich leicht erklären, warum einige von diesen Phals den Flügel, das Zeichen Merkurs, am Kopfe haben.

Auch ein am Haupte geflügelter Bock befindet sich unter der Sammlung, und er ist wahrscheinlich aus dem nämlichen Grunde mit diesem Attribut bezeichnet, weil er für eines

*) Condica. Eigentlich die Länge des Arms vom Ellenbogen bis zur Spitze des mittelsten Fingers.

Au.

eines der gothischen Thiere gehalten wird. Am Obertheil des
Bockshauptes ist eine Oefnung, aus welcher erhellt, daß
das Gefäß zur Lampe gedient haben mußte; wahrhaftig eine Art von Meuble, die heut zu Tage artig lassen würde!

Eine Menge kleiner Glöckchen hängen oben am Rande
der Phallen. Die Alten bedienten sich ihrer sehr gewöhnlich
als kraftvoller Amuletten gegen die bösen Genien, und besonders bey der Verehrung Priaps. Diese Glöckchen waren so allgemein, daß Manns- und Weibsleute und Kinder
sie als Zierrathen am Halse zu tragen pflegten.

Plin. und andere melden uns: es sey durchgängig Sitte gewesen, diese Phallen und Priapenbilder am Eingang
der Häuser, der Gärten, oben auf die Schornsteine und
inwendig in denen Zimmern aufzustellen; man habe sie sogar in Prozeßionen umher und auf die Felder getragen,
vermuthlich um Fruchtbarkeit der Erde von den Göttern zu
erbitten.

Unter allen diesen Denkmählern des Alterthums verdient vorzüglich eine kleine Bildsäule genannt zu werden.
Sie hat die Gestalt eines Grenzgottes, der mit einem Ro-
cke bekleidet und mit einer Mütze bedeckt ist, einen Bantas
lombart hat, und ein umgewandtes Gefäß in der Hand
hält, welches verschiedene Personen, besonders aber Graf
Caylus, für eine Glocke gehalten haben. Das Original
ist von Bronze, von sehr künstlicher Erfindung, und sieben
Zoll lang; wir geben hier die Beschreibung, wie sie im Italiänischen Werk der herkulanischen Alterthümer, S. 376.
enthalten ist.

E 5 „Curiose

„Curioso e questo Broetuo, che ci presenta un Vecchio con longa Barba, con un alto beretuone in testa, con vesta tabare, e manicata, e stretta alla cintura, la quale resta sollecitata anche di fianco d'alla sinistra mano, che resta coverta d'alla stessa veste, mentre che colla destra tiene un vaso, o altra cosa che sia; terminando poi la statuetta, come in un Erma quadrato, co' due piedi calzati, e congiunti insieme." Si volle, che fosse più tosto un vaso, come veramente pare, che la forma dimostri; e si disse, che Gnoma e frequente il vedersi in mano de' gli altri dei *le patere* in atto di essere da essi versate sulle are, così protebbe sospettarsi che si metesse in mano a *Priapo* un tal Vaso in atto di rovesciarlo su quella parte, perche erà ricevuta tra gli Dei, e su qu'ella esercitav a il suo potere, forse con dei liquori atti a sostenerne l'efficacia."

Endlich ist auch hier zu bemerken, daß sich unter diesen Figuren eine Menge von Zwergen und andern unförmlichen Gestalten befindet, über deren Bestimmung sowohl Quintilian und Sueton, als andere Schriftsteller die beste Aufklärung geben. Sie erzählen nämlich, daß die stolzesten und wollüstigsten Personen des Alterthums ihr Vergnügen daran gefunden hätten, solche monstreuse Geschöpfe, solche Auswüchse der menschlichen Natur, um und bey sich zu haben. Plin versichert sogar, dieser verdorbene Geschmack sey vorzüglich den Ständen eigen gewesen, und von diesen auf die Griechen und Römer gekommen. Müßte man vielleicht den Ursprung dieser nämlichen Häßlichen Gewohnheit, die so lange an den größten Höfen Europens herrschte, diesen üblen Geschmack der Könige und

Fürsten,

Fürsten, Zwerge und Narren um sich zu haben, in jenen entfernten Zeiten des Alterthums suchen?

Die beständigen Gefahren, denen diese kostbaren Alterthümer, welche bisher in dem Schlosse zu Portici aufbewahrt gewesen sind, sich ausgesetzt befinden, sollen, wie man sagt, den König von Neapel bewogen haben, solche nach Neapel selbst bringen zu lassen. Er hat ihnen ein vortreffliches Gebäude, nämlich il Palazzo dei Studi, bestimmet, woselbst sie vor dergleichen neuen Unfällen sicher seyn, und noch lange der Nachwelt Denkmähler der Kunst, des Joerms ganzes, der Klugheit und der Thorheiten der längst verflossenen Vorzeit, bleiben werden.*)

Wir schließen dieses Kapitel mit einigen besondern Beobachtungen über diese Alterthümer. Sie sind von einem Manne, dessen Art zu beobachten, seinen Geschmack, richtiges Gefühl durchaus zu erkennen giebt, und sie werden eben daher unsern Lesern gewiß willkommen seyn.

»Nachdem ich,« sagt er, »das Museum von Portici öfters besucht, und mit Aufmerksamkeit jeden Gegenstand betrach-

C 4

*) Herr Professor Neumann, welcher vor wenig Wochen von einer Reise nach Italien zurückgekommen ist, und sich einige Zeit in Neapel aufgehalten hat, versicherte mir auf mein Befragen, daß diese sämmtlichen Alterthümer sich noch an Ort und Stelle befänden, und daß der Wunsch der Gelehrten, sie in dem für sie bestimmten schönen Pallaß gebracht, folglich vor neuen Unfällen gesichert zu wissen, vielleicht erst nach Jahren erfüllt werden würde.

In

„betrachtet hatte: kamen wir in einen andern Saal, wo
„selbst man Bildsäulen eben so wieder ergänzt, wie zu Brest
„die Königlichen Schiffe kalfatert werden. So wie man
„einen Rumpf auffindet, wird solcher mit dem Namen eines
„Jupiters, eines Merkurs, eines Apolls getauft, und als
„das, sogar jedes Attribut, das solche Gottheiten auszeich-
„net, wird durch die Hand des Künstlers ersetzt. Auffal-
„lend war mir der Bemerkung, die ich unter andern hier
„machte; mir schienen nämlich an einer von den Figuren
„die Schenkel so ungestalt im Verhältniß mit den übrigen
„Gliedern, daß ich die Ursache dieser Ungleichheit zu unter-
„suchen beschloß. Wörtlich fand ich auch deren Unröhren
„des Bronze, Arbeit und Materie beschädigt, und zwar so
„als wenn sie zu schmelzen angefangen hätten; ich bemerkte,
„daß da, wo diese Beschädigung aufgehört hatte, kleine Er-
„höhungen waren, gleich als wenn die Röhre, durch das
„Herabdrängen der geschmolzenen Materie von den obern
„Theilen angeschwollen wären. Die Gestalt der Muskeln
„war nicht zerstört, aber sie schienen gleich, als von einer
„natürlichen Krankheit ausgetrocknet zu seyn. Wer alle
„diese Figuren und ihre Verunstaltungen im Ganzen, ihre
„üble Zusammenfügungen, ihren oft kurzen, unförmlichen
„Gliederbau, und auf der einen Seite die Schönheit ihrer
„Bildung, das Edle und Ungezwungene einzelner Theile
„derselben, wer alles dieses nur mit flüchtigem Blick be-
„trachtete, der würde in den Fall kommen, sehr übel von
„der Schule der römischen Kunst jener Zeiten zu urtheilen;
„allein wenn man die Außenseite, wovon ich geredet habe,
„wegnimmt, und dem Alterthum zurück giebt, was ihm
„rechtmäßig gehört, das heißt, wenn man in Erwägung

„zieht

„sieht, daß keine einzige Figur, kein Bas-relief in der gan-
„zen Sammlung sich befindet, woran nicht funfzigerlei
„neue Verbesserungen, mithin eben so viele Ungereimthei-
„ten und Thorheiten angebracht sind; so ist das Räthsel über
„dasjenige, was man zu Portici erblickt, aufgelöst, der
„Mann von Geschmack aus der Verlegenheit gerissen, und
„man erkennt, wenn schon nicht Ignoren eines Apoll, ei-
„ner Venus ꝛc., doch gewiß Meißel und Styl der erhabenen
„Schulen, deren Werke hier gesammlet sind.‟

„Gleiche Behutsamkeit muß auch, nach meinem Erach-
„ten, in Rücksicht der Gemälde angewandt werden, welche
„gleichfalls nur eine schwache und unvollkommene Vorstel-
„lung der Schulen jenes Zeitalters gewähren. Um diese
„Gemälde beurtheilen zu können, muß man bedenken, daß
„sie auf Mauer gemalt, meistens der Luft ausgesetzt gewe-
„sen waren, beynahe zwey tausend Jahr unter Lava,
„Schwefel, Asche und dergl. bedeckt gelegen sind, daß es
„folglich zu verwundern ist, sie vom gänzlichen Verderben
„gerettet zu sehen, und daß endlich Pompeji und Herku-
„lanum nur Städte vom dritten Range, und die großen Ge-
„bäude, die man daselbst fand, nur Landhäuser waren.
„Nach allen diesen Voraussetzungen wird man sich erst im
„Stande befinden, richtig über diese zahlreichen und merk-
„würdigen Ueberbleibsel zu urtheilen.

„Wollte man die verschiedenen Gemälde ordnen; so
„müßte man, glaube ich, erstlich diejenigen setzen, welche
„mit Fragmenten von Inschriften an den Mauern gefunden
„worden sind, deren Inhalt ohngefähr dem Inhalte jener

E 5   „Denk-

„Denksprüche gleiche, die man öfters an den Mauern der „Häuser findet; hernach können die historischen Gemälde „folgen, welche, obschon voll Unrichtigkeiten, doch das „Gepräge der Kunst an sich tragen, so wie die einzelnen „Figuren, die zwar gleichfalls nicht sehr vollkommen, doch „erhaben und geschmackvoll sind. Nach diesen kommen die „Arabesken, welche, was Styl und Kolorit, Zeichnung „und Pinselstrich anlangt, sehr vollkommen sind. Man „darf deswegen eben nicht glauben, als wäre dieß die einzi „ge Gattung von Malerey, worinn es den Alten gelang; „aber gewiß ist es leider! daß uns außer diesen nichts, oder „doch nur sehr wenig von ihren größern Arbeiten übrig „bleibt, daß wir bloß Mauergemälde und solche unbedeu „tende Versuchen von ihnen aufzuweisen haben."

„Ergäbe sich der Fall, daß eine unserer Landstädte, „welche so, wie Herkulanum und Pompeji, verschüttet wor „den wäre, nach einem Zwischenraum von zwey tausend „Jahren, aus dem Abgrund hervor gegraben würde, und „wollte man dann die französische Schule nach den Bruch „stücken beurtheilen, die sich hin und wieder noch an den „Mauern vorfänden; gewiß niemand würde von ihnen auf „die Werke unserer le Sueur, le Brun, Poussin ꝛc. zu schließ „en vermögend seyn. Die mittelmäßigsten Gemälde von „Pompeji geben uns zu erkennen, daß ihre ungeschickten Mah „ler wenigstens noch großen Mustern gearbeit haben, und „die kunstlosen Figuren von Marmor und Bronze rechtfer „tigen den Schluß auf die größern Kunstwerke, nach de „nen sie gebildet worden sind. Sehr ungerecht würde es „auch seyn, wenn man ihnen das perspektivische absprechen „wollte

„wollte. Zwar sind ihre Landschaften weit unter dem mittel-
„mäßigen, und man findet an ihnen unzählige Fehler, die
„gegen die Regeln der Optik anstoßen, allein wenn es
„mühselig ist, gegen dasjenige zu fehlen, dessen man nicht
„wohl kundig ist; so ist es sogar Unmöglichkeit, das-
„jenige nur schlecht zu malen, wovon man gar keinen
„Begriff hat.”

„Uebrigens ist alles, was in die Architektur ein-
„schlägt, an diesen Gemälden sehr riefenmäßig und un-
„förmlich, und doch läßt sich, nach den noch verhande-
„nen unzähligen Monumenten, im geringsten nicht be-
„zweifeln, daß die Alten einen bessern Styl kannten;
„auch sind ihre Arabesken unsere Muster geworden, denn
„wir hatten vor der Entdeckung der zwo Städte nichts
„erträglicheres von dieser Art Malerey aufzuweisen.”

„Auf eben diesen Gemälden finden wir auch Gefäße
„von dem anderlesensten Geschmack und Lamberel, das
„einem Raphael zum Muster hätte dienen können, wenn
„er es gekannt hätte, als er die vortreffliche Galerie im
„Vatikan malte. Kleine übel gemalte Seestücke haben
„wenigstens das Verdienst, daß sie uns mit der Ge-
„stalt der Galeeren und Triremen der Alten bekannter
„machen, und uns insbesondere ihre innwendige Einthei-
„lung, vorzüglich den Platz der Ruderknechte zeigen.”

„Die Nacht gebot uns, diese Alterthümer zu ver-
„lassen, die man ohnehin nicht alle beschreiben kann,
„und zu deren Beurtheilung die, auf Befehl des Königs
                                                „das

„den Neapel gestochenen Kupferplatten Stoff genug zu
geben werden.„ *)

*) Wir verdanken diese wichtigen Bemerkungen dem Herrn Ge-
sandtschafts-Rath de Non zu Neapel. Dieser liebenswürdige
Reisende war es, den wir meist in diesem Werk werden hö-
ren; er war der furchtlose Beobachter, dem wir mit eben so
viel Begierde als Theilnahme mitten in die Flammen des
Vesuvs gefolgt sind.

Kap.

Kap. 9.

Vom Schauspielhaus, welches zu Herkulanum gefunden worden ist.

Die eben beschriebenen Denkmähler setzen den Liebhaber der Künste genugsam in den Stand, die Grade zu beurtheilen, zu welchen es die Alten sowohl in Malerey als Schulptur gebracht hatten. Aber eine gewiß nicht minder wichtige Entdeckung ist das Herkulanische Schauspielhaus, denn dieser verdanken wir nicht allein eine ausgebreitete Kenntniß von der Gestalt der damaligen Bühnen, sondern wir erhalten durch sie auch einen erwünschten Aufschluß von der Art und dem Geschmack der Verzierungen derselben. Schade ist es zwar immer, daß die gegenwärtige Beschaffenheit dieser an sich vortrefflichen Ruine, die Asche und die Laven, von denen sie bedeckt und durchdrungen ist, es unmöglich machen, selbige ganz zu durchsuchen; allein dahin hat man es doch gebracht, daß sich Künstler und geschickte Bauverständige verfanden, welche zusammen

hängen

gende Risse desselben, seiner innwendigen Bestandtheile, der Verzierungen, und des Daches zu fertigen wußten.

Nach allem dem vorhergesagten und nach der Kenntniß, die unsere Leser bereits von dem Zustand erhalten haben, in welchem die beyden unglücklichen Städte gefunden worden sind; läßt es sich denken, daß viele Bekenntniß von der Beschaffenheit alter Bühnen dazu gehörte, um sich in diese zurechte zu finden. Da selbige von außen nicht das mindeste Licht erhält, außer was ihr von den Brunnen zu kömmt, der den ersten Anlaß zur Entdeckung gegeben hatte; so ist man gezwungen, alles mit Hülfe der Fackeln zu besehen, und ein großer Theil der Rundung vom Amphitheater liegt noch überdieß ganz von Lava verschüttet; so daß man Unterstützungen anbringen mußte, um den Einsturz zu verhüten. Um indessen nur einigen Begriff davon zu verschaffen, hat man den Gang und einen Theil der äußern Deko-ration abgeräumt, woraus abzunehmen ist, daß dieses Schauspielhaus mit Arkaden geziert war, unter denen sich mit Gyps bekleidete, und mit Einschnitten versehene Säulen befanden. Aber diese ganze Außenseite ist inzwischen wieder verschüttet worden. *)

Die

*) Zur Erläuterung mag hier eine Stelle aus Winkelmanns Sende-schreiben von den Herkulanischen Entdeckungen dienen, welcher S. 20. u. sagt: „Die Art und Weise, mit welcher man im Nachgraben verfährt, ist so beschaffen, daß nicht leicht eine Handbreit übergangen werden kann. Man folget dem Haupt-gange in gerader Linie, und aus demselben gehet man auf bey-den Seiten heraus, und wenn ein Raum ins Gevierte von sechs Palmen nach allen Seiten ausgegraben und durchsucht ist, wird

gegen

Die Kapitäler der Säulen waren vortrefflich und so beschaffen, wie bey dem Tempel der Isis zu Pompeji, von dem in der Folge Meldung gethan werden wird.

Das

gegen über ein Raum von gleicher Größe ausgegraben und das Erdreich aus diesem wird in den Raum hinüber gefahret, theils um die Kosten zu ersparen, theils um das Erdreich durch Einfüllung zu unterstützen, und so verfähret man wechselsweise. Ich weiß, daß Auswärtige sowohl, als Reisende, die dieses alles wie im Vorbeygehen sehen, oder sehen können, wünschen, daß nichts möchte mit Erdreiche angefüllt werden, sondern daß man die ganze unterirdische Stadt Herkulanum aufgedeckt möchte liegen sehen. Man tadelt den schlechten Geschmack des Hofes und Vergnügen, die über diese Arbeit gesetzt sind; aber dieses ist ein Urtheil nach den ersten Eindrücken, ohne gründliche Untersuchung des Orts und anderer Umstände. Von dem Theater gebe ich es zu, woselbst dieses möglich und die Entdeckung der Kosten würdig gewesen wäre, und man hat übel gethan, sich zu begnügen, die Sitze zu entdecken, welche man sich aus in viel alten Theatern vorstellen konnte, die Scena selbst aber, als das vornehmste Theil, wovon wir keine anschauliche Kenntniß haben, bedecket und verschüttet zu lassen. Unterdessen ist auch jetzo Hand angelegt, diesem Verlangen ein Genüge zu thun, und es sind die Stiegen, welche aus der Arena oder der Platea zur Scena führen, entdecket. Es könnte also das Herkulanische Theater wenigstens unter der Erde mit der Zeit völlig gesehen werden.

Was aber die Aufdeckung der ganzen Stadt betrifft, gebe ich denen, die dieses wünschen, zu überlegen, daß, da die Wohnungen durch die ungeheure Last der Lava erdrückt worden, man nichts als bloße Mauern sehen würde. Da man ferner diejenigen Dinge, welche darauf waren, um das Gemälde nicht der Luft und dem Wetter preis zu geben, weggenommen, so

würden

Das Inwendige des Theaters ist ein wenig mehr erhalten, und das Proscenium ist vollkommen unbeschädigt.
Man sieht auch noch einen Theil der Scene und das Gestell
einer

werden die besten Häuser eingerissen zu sehen seyn, und die
Mauern von den schlechtesten Wohnungen wären stehen geblieben. Nächst dem ist leicht zu begreifen, was vor ein ungeheu-
rer Aufwand es gewesen seyn würde, alle Erde wegzuräumen,
und alles, theils versteinertes, theils anderes Erdreich auszu-
graben und wegzuführen; und zu was vor Nutzen? zerstörte alte Mauern zu sehen. Und endlich hätte man, um einiger un-
geizig Neugierigen Lust zu stillen, eine ganze wohlgebaute und
stark bewohnte Stadt zerstören müssen, nur eine zerstörte Stadt
und einen Haufen Steine an das Licht zu bringen. Die ganze
Aufdeckung des Theaters aber würde mehr kosten, als dem Garten des Augustiner Barfüßer, unter welchem es steht.

„Diejenigen, welche nöthig aufgedeckte vier Mauern verschüttet gewesener Wohnungen sehen wollen, können noch Pompeji
geben; aber man will sich nicht so viel bemühen; dieses bleibt
nur für die Engelländer. An diesem Orte kann man also nur
suchen, denn die ganze Stadt ist mit einem wenig fruchtbaren
Erdreich bedeckt, und da nur Alters an diesem Orte der köst-
lichste Wein wuchs, so tragen jetzo die daselbst gepflanzten Wein-
berge wenig ein, und es ist kein großer Schade, dieselben zu
verwüsten. Man spürt auch hier mehr, als an andern Orten
in selbiger Gegend, eine schwefliche Ausdünstung, welche Kupfer
so es an Decke, und alles verdecket, so wie ich es an einem Haufen
von Kupfermünzen fand, den ich vor fünf Jahren frisch und glatt
gesehen hatte. Diese Ausdünstung ist insgemein der Vorbote
von einem neuen Ausbruche des Berges, und äußert sich zuerst
in Kellern; vor dem letzten Ausbruche haben einige Menschen
ihren Schutz in die Keller ihrer Häuser auf der Stelle todt
nieder."

„Man

einer von den Säulen, die ihr zur Zierde dienten und welche
von gebluemten Alabaster waren. Nur die Stellen der übrigen Säulen sind noch zu sehen, sie selbst sind zerstört und
zu Pulver verbrannt.

Aber eine vorzüglich merkwürdige Entdeckung betraf
bald der Fußboden der Scena; man fand nämlich auf jeder
Seite des Proscenium regelmäßige Oefnungen, oder große
Löcher,

„Man ersieht aus dieser Nachricht von den Kosten zur Entdeckung dieser Orte, daß mit solcher Schwierigkeit annoch für die
Nachkommen am vierten Gliede zu graben und zu finden übrig
bleiben wird. Mit noch geringeren Kosten könnte man vielleicht
eben so große Schätze finden, wenn man zu Herzulo, zu Baja,
zu Cuma und zu Misenum graben wollte; denn hier waren die
prächtigen Villen der großen Römer. Aber der Hof begnüget
sich mit den gegenwärtigen Entdeckungen, und wer sich darf
niemand eine merkliche Grube machen. Es sind sogar noch un-
bekannte Gebäude an diesen Orten; wie denn ein englischer
Schiffskapitän, da er in dieser Gegend lag, unter Baja einen
großen prächtigen Saal unter der Erde entdeckte, in welchen
man nur zu Wasser gelangen kann. In demselben hat sich die
schönste Baukunst erhalten. Diese Entdeckung geschieht vor zwey
Jahren, und ich selbst habe davon allererst nach meiner Rück-
kunft von Neapel durch Hrn. Adam aus Edinburg in Schott-
land Nachricht erhalten, und die Zeichnungen gesehen. Dieser
Liebhaber der Kunst, und besonders der Baukunst, steht im
Begriffe, eine Reise nach Griechenland und Klein-Asien anzu-
treten.„ — Kurz zuvor sagt Herr Winkelmann, er habe bey
Ausgrabung der Stadt Pompeji nur acht Menschen, bey allen
unterirdischen Orten zusammen genommen, mit fünfzig Arbeiter beschäftigt angetroffen.

No.

Löcher, welche, nach den Versicherungen einiger vorzüglichen Kenner und besonders des Marquis Galvani, dazu dienten, um die Balken der verschiedenen Dekorationen und Veränderungen darinn anzubringen.

Die Erzschalen, welche in den Nischen der Vorkerns standen, waren, so wie der auf den Säulen befindlichen, von Bronze, und wurden in das Königliche Museum gebracht. Sie stellen Masken vor und man entdeckt noch in der Lava den Eindruck einer solchen Bildsäule. Zwar waren auch mit unter marmorne Statuen angebracht; aber von diesen fand man nur Bruchstücke, welche auf dem Orchester und den Stufen zerstreut lagen.

Aus allen diesen Bruchstücken und den häufigen Ueberbleibseln zerbrochener Säulen, läßt sich der Reichthum und die Kostbarkeit dieses Theaters leicht abnehmen, an welchem die Erdbeben, womit jener heftige Auswurf begleitet war, mehr Unordnung verursacht haben, als die Asche und Lava selbst, die nur die Gebäude erschütterte, ohne sie zu zerstören.

Kostbarer Marmor bekleidete die Wände des innern Theils vom Schauspielhause, und sogar die Fußböden waren mit Marmor gepflastert. Das Pflaster des Orchester, welches glücklicher Weise beynahe gänzlich gerettet wurde, ist mit Giallo antico belegt. Alle Zimmer und Gemächer, die zum Theater gehören, waren gemalt und mit Arabesken geziert, wovon noch ein Theil im Museum zu sehen ist.

Die Sorglosigkeit, womit man Anfangs beym Ausgraben dieser Alterthümer zu Werke ging, hat verursacht, daß

daß man der Gegenstände nicht habhaft werden konnte, welche sich auf den Fußgestellen oben an den höchsten Stufen befanden, und man weiß daher nicht, ob es Wagen, oder einzelne Pferde gewesen sind. Winkelmann selbst versichert, daß die Meynungen hierüber verschieden wären, und es ist sogar ungewiß, ob das Pferd von Bronze, welches im Museum zu Portici aufbewahret wird, zu einer Quadriga, oder zu einem zweyspännigen Wagen gehörte; so viel ist gewiß, daß man unter dem Schutt des Theaters eine große Menge Stücke zerbrochener Pferde von Bronze fand, wovon ein Theil dazu genutzt wurde, um dasjenige zusammen zu setzen, welches im Hofe des Museums steht, das übrige aber, welches noch eine größere Menge ausmacht, ist geschmolzen worden.

Das Theater zu Herkulanum enthält übrigens einige besondere Einrichtungen, die sich an den übrigen Schauspielhäusern der Alten, wovon noch Reste übrig sind, nicht befinden. Eine davon ist die Lage der Treppen, welche zwischen zwo parallelen Mauern nach Gestalt des Amphitheaters herum laufen, da sie an andern antiken Theatern der Richtung des Umkreises im Centro folgen. Auch werden zwey Podia oder Balkons bemerkt, die an beyden Seiten des Proscenium über dem Eingang der Orchester angebracht sind, und vollkommen den Balkons unserer heutigen Schauspielhäuser gleichen.

Der Umfang des Theaters, von den höchsten Stufen an gerechnet, war im Durchschnitt zwey hundert vier und dreyßig Fuß, und es konnte also, wenn man auf eine Klafter ins Gevierte sechzehn sitzende Personen rechnet, abgese-

F 2   hen

fähr zehen tausend Zuschauer in sich fassen. Hieraus läßt
sich der Schluß auf die Größe und Bevölkerung einer Stadt
machen, die allein zehen tausend Zuschauer in ihre Schauspiele liefern konnte. *)

Ob nun schon die inwendige Verzierung dieses Denk-
mahls nicht vollkommen nach den Regeln der reinsten Baukunst beurtheilt werden darf; so giebt sie doch einen sehr
vortheilhaften Begriff von der Art, deren sich die Alten bey
der Verzierung ihrer Schauspielhäuser bedienten. Die Vorscene, mit korinthischen Säulen, mit Nischen und Bas-relief's geschmückt, ist, im Ganzen genommen, erhaben und
geschmackvoll. Besonders zeichnen sich die, an Gesimse
der Bedächung befindlich gewesenen Schauspielermasken
aus. Auch der obere Theil des Amphitheaters endigte sich
in einer mit marmornen Nischen und Statuen gezierten
Band, eine herrliche Decoration, welche Erhabenheit und
Einfachheit in sich vereinigte. Man kam durch sieben Eingänge in den untern Theil vom Amphitheater, welche in einen Gang führten, der solches umgab, und von dem man
auf Treppen zwischen den Sitzen hinabstieg. Sie bestanden
aus kleinen hervorragenden Tritten, welche die Sitze in
zween Theile theilten, und das herabsteigen erleichterten.
Diese Eingänge wurden Vomitoria genannt.

Da

*) Winkelmann rechnet den Platz auf 30,000 Personen; allein die-
ser gelehrte Alterthumskenner hat sich hier geirrt, denn schon um
Platz für 10,000 zu finden, muß man, außer den Stufen oder
Sitzen, denjenigen Theil des Amphitheaters, welcher Praecinctio
genannt wurde, und keine Sitze hatte, und den untern Theil
des Orchesters, als mit Zuschauern erfüllt, annehmen.

Da wir die so eben beschriebenen einzelnen Theile dieses Theaters mit andern Schauspielhäusern der Alten verglichen haben; so glauben wir, daß es unsern Lesern angenehm seyn werde, hier einige Bemerkungen beygefügt zu finden. Wir wollen solche auch auf andere Arten der Schauspiele und öffentlichen Feste der Römer erstrecken, um dem und diese in einem solchen Werke nicht am unrechten Orte angebracht zu seyn scheinen. Weil nun die Circusse bey den Römern alle andere Denkmähler des Luxus übertrafen; so werden wir gleich zuerst von diesen sprechen, so dann aber auf die Beschreibung der Theater und Amphitheater übergehen.

Von den Rennbahnen der Römer.

Ohne uns in eine so viel umfassende Materie, als der Gegenstand der öffentlichen Spiele der Alten darbeut, hineinzugehen, sollen hier nur einige Bemerkungen über die verschiedenen Orte der Circusse oder Rennbahnen, und über die Gestalt derselben gemacht werden. Wir entlehnen diese Beschreibung von dem Circus des Caracalla, dem einzigen Denkmahle dieser Art, von welchem uns noch einigermaßen kenntliche Ruinen übrig geblieben sind.

Es ist allgemein bekannt, wie ausschweifend der Geschmack war, den das römische Volk an jeder Art von Schauspielen fand.

In den ersten Zeiten des Freystaats, und selbst noch unter den ersten Königen, kannten die Römer nur das Wettrennen mit Wagen, nur den Kampf der Fechter; Spiele

B 3

le, als denen der Karakter einer so ungezähmten kriegerischen Volks genugsam hervorleuchtet, denn noch waren weder der Wissenschaften, noch Kenntniße der Bücher, Gebürten Griechenlandes, nach Italien übergekommen. Das Gestade der Tiber war der Platz, worauf man diese Volksspiele gab, und die Zubereitungen waren nur geringe. *)

Tarquin der ältere errichtete den ersten Cirkus auf Roms Fluren. Dieser Fürst, ein Grieche von Geschlechte, hatte aus Etrurien, seinem Geburtslande, den Geschmack der Denkmähler und einer regelmäßigen Baukunst nach Rom gebracht. Er wählte zu diesem Bau das Thal Murcia zwischen den Bergen Palatin und Aventin, und die Benennung des Rennplatzes war Maximus, wahrscheinlich deswegen, weil er die nachfolgenden Rennplätze an Größe übertraf. Und doch ward dieses unermeßliche Werk, unzureichend die ungeheure Volksmenge Roms zu faßen, zu Julius Cäsars Zeiten erweitert, und durch die Bemühungen dieses großen Mannes verschönert! —

August,

*) Die Geschichte sagt uns, der Sabinische Jungfrauenraub sey bey einem Wettrennen vor sich gegangen, und der Schluß ist daher getreten, daß schon zu Romuls Zeiten solche Spiele gegeben worden seyn müssen. Man nannte sie Consualia, denn Romul hatte sie dem Gotte Consus gewidmet. Man kennt auch eine, unter Nero's Regierung geschlagene Medaille, mit der Aufschrift Sabinae, worauf dieser Vorfall abgebildet ist. Im Grund der Medaille zeigen sich die Grenzen des Cirkus, um zu erkennen zu geben, daß sich der Raub bey einem solchen, im Cirkus angestellten Spiel ereignet habe. *)

*) Circenses Spectaculum primus Romulus, raptis virginibus Sabinis, ex Consualibus instituit, celebravit. Velar. Max. L. II, Ch. I.

August, Roms Berschönerer, vernachläßigte es nicht, er vergrößerte solchen, und nach seinem erhabenen Geschmack erhielten marmorne Umfassungen die Stelle des Geländers. Hundert und funfzig tausend Zuschauer hatten, nach der Versicherung des Dionysius von Halikarnaß, daselbst Raum, und dieser mußte doch wohl während seines langwierigen Aufenthalts zu Rom manchen von diesen Spielen beygewohnt haben.

Beträchtliche Vergrößerungen erhielt der Cirkus Maximus unter den Regierungen Tibers, Kaligulas, Neros, schon war er vermögend zweymal hundert und fünfzig tausend Zuschauer zu fassen, und doch wurde er zur Zeit, als Plinius schrieb, auf Befehl Kaiser Trajans nochmals erweitert. Vermuthlich erforderte dieß die unglaubliche Bevölkerung der Hauptstadt, welche damals ihren höchsten Grad erreicht hatte.

Wenige, fast unkennbare Ruinen hat uns die Zeit von diesem Riesengebäude nur noch übrig gelassen. Doch hat man aus alten Berechnungen des Umfangs die Nachricht, daß dessen Länge ohngefähr zwey tausend, dessen Breite acht hundert Fuß betragen haben mag.

Funfzehn Cirkusse prangten zu verschiedenen Zeiten zu Rom, so groß war die Sucht nach jenen kriegerischen Spielen bey dem dasigen Volke geworden. Der Platz Navona enthielt den Cirkus Agonalis, ein Werk Alexanders des Strengen; und wo heut zu Tage die St. Peterskirche steht, stand ehemals der Cirkus des Nero. Sogar Privatmänner wagten es, solche Rennplätze auf eigene Kosten aufführen zu laffen, ein Beyspiel von diesen ist Galust.

E 4   Der

Wer wüßte nicht, daß Spiele die heiligsten Feste der Römer zierten? und Rennspiel fand hierbei vorzüglich seinen Platz. Den Göttern waren diese Denkmähler geheiligt, ihre Bildnisse, ihre Altäre waren mitten im Umfang der Cirkusse zu sehen. Mitten durch den Cirkus lief eine Mauer, sie war mit Obelisken geziert, Heiligthümern der Sonne oder des Mondes. Bildsäulen des Glücks und des Siegs standen oben auf erhöhten Säulen, Dreyfüße und Altäre füllten den Raum zwischen diesen und den Obelisken.

Um diese Mauer her, längs dieser Bildsäulen, ward das Wettrennen gehalten. Wagen und Pferderennen und Wettlauf zu Fuße, war das Wesentliche des Circensischen Spiels. Man mußte verschiedene mal den Platz umrennen, und die Kunst der Läufer und derjenigen, die den Wagen leiteten, bestand in der Geschwindigkeit, mit der sie das, am äußersten Ende der Mauer befindliche Ziel zu erreichen wußten.

Opfer wurden zuvor den Göttern dargebracht; glänzende Züge kündeten solche Spiele an; sie giengen durch eine Seitenpforte in den Cirkus ein, machten langsam die Runde und begaben sich durch die gegen überstehende Pforte wieder hinaus.

Dieser Zug war immer für den römischen Zuschauer ein wichtiger Theil des Schauspiels. Er bestand aus den kostbaren Rennwagen, die sich in prachtvoller Ordnung, nach der Zahl der Wettrenner, einander folgten. Eine Anzahl junger Patrizier zu Pferde eröffnete den Zug, ihnen folgten die Desultores*) und Wettläufer zu Fuße, diesen

die

*) Desultores, was wir h. z. T. Kunstreiter nennen.

die Vebefter und diejenigen Senatoren und Magistratspersonen, die den Borth hatten, und endlich schlossen Akteure,
Tänzer und Gaukler, in Rahmen und Satyrn verkleidet.
Musikchöre gingen zwischen den verschiedenen Abtheilungen
des Zugs und begaben sich sodann auf die, über den Sitzen
angebrachten Plätze, um mit Instrumentalmusik das Spiel
zu beleben.

Zuweilen wurden auf prächtigen Wagen, die vom feind-
lichen Völkerschaften erbeuteten Reichthümer zur Schau geführt, und auch dieß war für den Römer ein wichtiger Anblick. „Hüte dich,“ sagt Ovid in seiner Kunst zu lieben,
„hüte dich, einem römischen Mädchen Säumigkeiten vorzuse-
„gen, so lange sie mit gespannter Neugierde, die auf dem
„Cirkus zur Volksschau prangenden Leuten durchsieht.“

Alles andere aber übertrafen an Pracht jene Bildnisse
der Götter, welche, gezogen von Pferden oder Maulthieren,
von Hirschen oder Rehen, von Kameelen oder Elephanten,
oder auch wohl zuweilen von Löwen, Panthern und Tygern,
auf prächtigen Wägen einher fuhren. Dieß war ein Anblick, der den sämtlichen Römer zum lauten Lob, zur öffentlichen Anbetung der Gottheiten hinriß, deren Gnade er
wünschte.

Ovid hat uns in einer von seinen Elegien eine artige
Beschreibung der Circensischen Spiele aufbehalten, sie ist
um so mehr lesenswürdig, weil sie alle einzelne Begebenhei-
ten enthält, die der Dichter dabey bemerkte.

Er erscheint mit seiner Dame im Cirkus, er ist be-
müht, ihr bequemen Sitz zu verschaffen, sie vor dem Ge-

dränge

drange der Nachbarn zu schädigen. Er beneidet einen von
den vorzüglichsten Wettrennern, der ihr zu gefallen scheint,
und versichert, daß wenn er sich an dessen Stelle befände,
er ihr zu Gefallen gewiß jeden Läufer übertreffen würde;
daß ihm aber, wenn er ihren Blick auf sich gerichtet sähe,
jeder Gedanke des Ruhms entschwinden, seine Seele nur an
ihr haften, und der Zügel der Pferde seinen Händen entfal-
len würde.

> Si nubi currenn fueris conſpecta, morabor
> Deque meis manibus lora remiſſa ſuent.

> Säh ich dich mitten im Lauf, o wahrlich ich müßte
> dann weilen!
> Und aus der läſſigen Hand ſänk' auf die Mähne
> der Zaum.

„Aber ſieh da, den Pomp, im Anzug!" ſagt der Dichter weiter, „laß uns aufmerkſam ihn betrachten;" und jetzt
geht er auf die Benennung der Gottheiten über, die im
Triumph vorbey geführt werden; daß Venus die Gottheit
ſeiner Anbetung war, wer wollte daran zweifeln?

> Nos tibi, blanda Venus, puerisque potentibus arcu
> Plaudimus. Inceptis adnue, Diva meis,
> Duque novae mentem dominae, patereue amari.
> Adnuit, et motu ſigna ſecunda dedit;
> Quod Dea promiſit, promittas ipſa rogamus.

> Dir, allgütige Venus; und jenem rüſtigen Knaben,
> Weih ich das jauchzende Loß; Venus begibre mein
> Loos.

Venus

Sang der Liebe Gefühl und Herz der neuen Geliebten
mir! —

Sieh da, mit günstigem Blick winkte die Göttin mir
zu.

Wolltest du, was sie gewähret, ich bitte, mir nicht
auch gewähren? —

Doch diese Bitten wurden durch neue Beweise der Sorgfalt, die er seiner Geliebten geben mußte, unterbrochen.

Sed pendent tibi crura, potes, ô fortasse juvabit,
Cancelbo primis inseruisse pedes.

Aber die hängen die kleinen Füßchen so frey von dem
Sitze,
Stelle bequemer sie doch in das Geländer hinein,

Der Wettlauf beginnt, die Quadriga des Prätors erscheint, endlich bemerkt er den glücklichen Sterblichen, dem
die Wünsche der Schönen günstig sind.

Cui studeas video: vincet cuicunque favebis;
Quid cupias, ipsi scire videmur equi.

Ha nun errath' ich den Wunsch; und siegen muß, wen
du begünstigst,
Selbst das muthige Roß kennt und besetzt deinen
Blick.

„Was machst du reitzender Jüngling?„ ruft der Dich-
terin weiter, „der Krahl, den du nimmst, ist zu groß. Wo
eilst du hin? folg mir und lenke zur Lenken ein.

Quid

Quid facis infelix? perdis bona vota puellae,
Tende, precor, valida lora finistra manu.

Armer, was machst du? du zerstörst die heißesten
Wünsche des Mädchens! —
Wohle geschwinde den Zaum, ziehe zur Linken den
Lauf!

Aber der Lauf ist unterbrochen, die Senatoren geben
mit ihrer Toga das Zeichen der Wiederholung; dem Liebling-
'ge des Mädchens gelingt es besser, und er sieht sich, was
man erwarten konnte, gekrönt. Doch beneidet sein Glück,
aber er findet sich getröstet, weil ein Lächeln seiner Dame
ihn glauben läßt, daß er wenigstens eben so begünstigt seyn
werde, als jener,

Ille tenet palmam, pulchra petenda mihi est;
Risit, et argutis quiddam promisit ocellis. *)

Sieh, nun ist er am Ziel; und werd' auch ich es er-
reichen? —
Lose; dein lächelnder Blick winket mir schalkhaft ein
Ja! —

Nur vier Wagen begannen gewöhnlich zugleich den
Wettlauf; aber so viel nur die Plätze fassen konnten, waren
vorhanden und erwarteten den Zeitpunkt ihrer Ordnung.
Alle Ueberbleibsel des Alterthums schildern uns diese Rennwagen so klein, daß ein einziger Raum viele Geschicklichkeit
besitzen mußte, um sich darin zu erhalten. Zween, höchstens

*) Ovidii Amorum. Lib. III. Elega II.

sind vier Pferde ... sie, und daher ihre Benennungen Biga und Quadriga. Oeftere und gefährliche Fälle entstanden durch die Ungeschicklichkeiten der Renner, durch die ... der Wagen selbst. Hiervon zeugen fast alle alte Gemälde und Bas-reliefs. [*]

Vorzüglich ... die Römer diejenigen Pferde, welche ... gebraucht wurden. ... wurden gehalten, und die Namen der vorzüglichsten Renner, die den Preis erhielten, wurden in solche verzeichnet; ja sogar marmorne Inschriften verkündeten, neben der Anzahl solcher Preise, Farbe und Namen des Pferds; nannten den ... und den

---

[*] ... den Bas-reliefs und andern alten Denkmählern zu ... müssen die Wagen der Griechen gleiche Gestalt mit denen der Römer gehabt haben. Gewöhnlich waren es muschel-artige Laden, auf zwey Rädern befestiget, und am Vordertheil sehr erhaben. Gemälde und Bildhauer-Arbeiten ... sie. Alle versammelten sich vor Anfang des Wettlaufs in Schranken, das Loos entschied die Ordnung der Plätze, und nach gegebenem Zeichen nahm der Lauf seinen Anfang. In Rom wurde einsmals ein Rennen von hundert Wagen angestellt, und an gewissen hohen Tagen begannen fünf und zwanzig mit einem der den Lauf. Der Augenblick, in welchem der Wettlauf anfing, hieß Emissio, eine Benennung, die sich noch bey den Wettläufen am Carneval zu Rom bis jetzt erhalten hat; ob wohl diese Spiele, im Verhältniß der ehemaligen, nur schwache Nachahmungen sind. Den Zeitpunkt, in dem die Pferde abgelassen werden, nennt das Volk lo Mossa. Bekanntlich finden hier keine Wagen mehr Statt, sondern nur ledige Pferde sind es, die den Lauf nach Willkühr beginnen.

den Besitzer. Mehrere solche Aufschriften hat uns Paulus ni und Dußenger aufbehalten.

Anfangs war die Rolle eines solchen Fuhrmanns, Sklaven oder Fremden überlassen. Aber nicht lange, so schämten sich Freye, erachteten Kaiser nicht, sie zu übernehmen. Besondere Farben gehörten zu einem solchen Fuhrmann auch, sie waren roth, weiß, grün und blau, und erst Domitian fügte noch mehrere, nämlich Orange und Purpur, hinzu; weswegen auch die Ordnung von vier auf sechs Wagen stieg, die zugleich den Wettlauf begannen.

Verschiedene Partheyen entstanden bey solchen Spielen unter den Zuschauern, eine begünstigte diesen, die andere jenen Fuhrmann. Diese Leidenschaft stieg oft bis zur Wuth und man hat blutige Handgemenge daraus entstehn sehen. Ein solches Beyspiel liefert uns die Geschichte des Reichs abfalls unter der Regierung Justinians, wo, nach den Betheuerungen der Geschichtschreiber, vierzig tausend Personen geblieben seyn sollen.

Außer diesen Wagenrennen, einer Art Spiele, die der Römer vorzüglich schätzte, kannte man auch das Pferderennen, und doch war länger schon bey den Griechen im Gebrauch. Pindar rühmte Hiero in einer seiner Oden, weil dieser den Sieg im Pferdrennen erhalten hatte. Da bereits oben dieser Kunst gedacht worden ist, in welcher die Capier und Numidier vorzügliche Stärke besaßen, so würde eine weitläuftige Beschreibung hier überflüßig seyn.

Was endlich den eigentlichen Wettlauf zu Fuße anlangt; so war dieser einer der vornehmsten Theile bey den Olym-

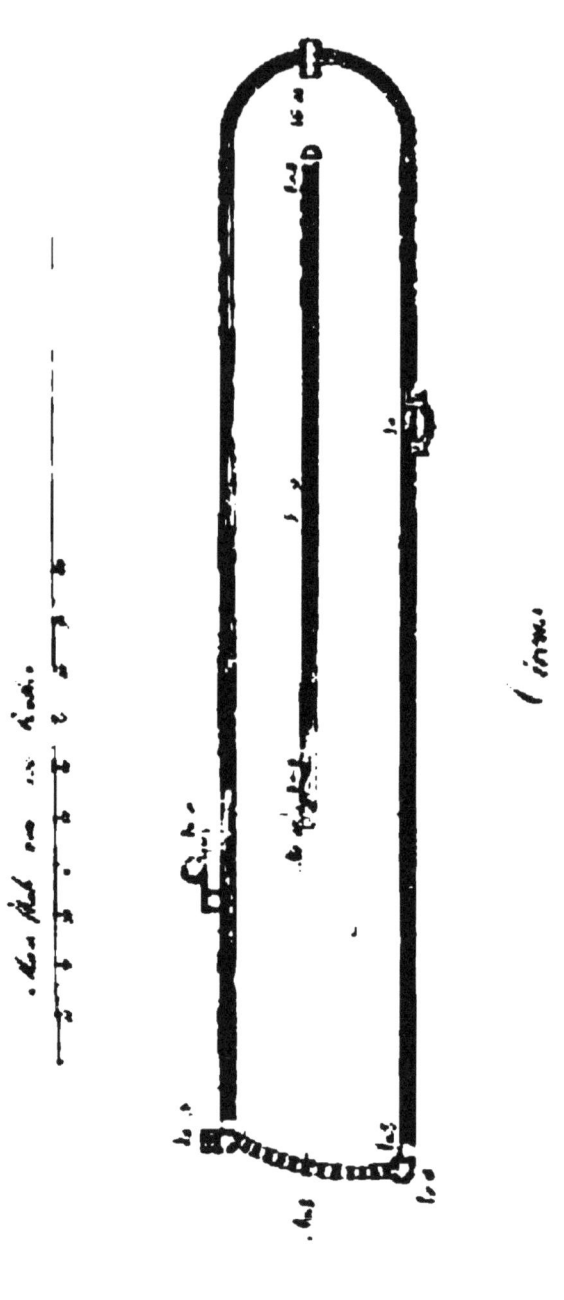

lompischen Spielen, und die Ꝛömer nannten solche
läufer Hippodromos. Eigene Gesetze bestimmten bey ihnen den Umfang, die Länge, und den Preis des Wettlaufs,
und Belohnungen lohnten den vorzüglichsten läufern. Ein
Ladas, ein Polemmestor von Milero und ihre Geschwindigkeit, die den Lauf des Hasen übertraf, sind aus der Geschichte bekannt.

Bey den Ꝛömern pflegten sich gewöhnlich diejenigen
den Preis im Wettlauf streitig zu machen, die zuerst zu Pferde
gerennt hatten. Vorzüglich häufig waren solche Spiele
unter Domitians Regierung.

Sueton erzählt, daß er, der unter allen Kaisern den
luxus und die Pracht der römischen Feste zum Höchsten Gipfel erhob, am ersten den Einfall hatte, junge Mädchen
im Cirkus Wettläufe anstellen zu lassen, und daß er selbst
einem jungen Mädchen, die in Purpur gekleidet, Athalan-
ten vorgestellt hatte, den Preis ertheilt habe.

Einige Bemerkungen über die Rennbahnen
der Alten überhaupt und besonders über den
Cirkus des Caracalla.

Dieser Cirkus war ein länglichter Platz, der sich oben
(Nro. 1.) der nachstehenden Figur in einem Halbzirkel
schloß, in dessen Mitte der Haupteingang sich befand; unten an des Haupteingangs entgegengesetzter Seite aber,
woselbst die Remisen für Wagen und Pferde waren, in ein
etwas gebogenes Zweyeck ausgieng. (Nro. 2.)

Noch

Diese am untern Theil angebrachten Remisen oder sogenannten Carceres genannt; ein Name, der ihnen die Römer blos deswegen beylegten, weil sowohl Pferde und Wagen, als ihre Lenker in ihnen, gleich als in Gefängnissen, eingeschlossen waren, und erwarten mußten, bis das Zeichen zum Lauf gegeben wurde, wo sodann diese sämmtlichen Carceres zu gleicher Zeit sich öffneten. An den beyden Enden dieser Remisen befanden sich zween Thürme von mehreren Etagen (Nro. 3.), und zwischen diesen und dem Ende des Cirkus waren gleichfalls zwo große Seitenpforten, welche dazu dienten, um den Zug auf einer Seiten hinein, und, nachdem er die Runde um den Cirkus gemacht hatte, auf der andern wieder hinaus zu lassen (Nro 4.). Eine andere große Pforte befand sich an der Seite des Cirkus (Nro. 5.), sie diente zum Ausgang der Wagen, die den Wettlauf vollendet hatten, damit sie im Cirkus keine Hindernisse verursachten.

Die Loge des Kaisers (Nro. 6.), Moeniana genannt, muß, nach den sehr wenigen Ueberbleibseln zu schließen, als led in sich vereint haben, was Pracht und Schönheit darzustellen vermögen. Sehr deutlich zeigt sich noch aus ihrer Bauart, daß ihre Faßade ein Vordergebäude, das vielleicht aus Säulen bestand, und zwo Hauptmauern gehabt hat, welche beyde Treppen besaßen. Ihre Loge war übrigens die vortheilhafteste, denn sie übersah den Eingang und Ausgang der Wägen, so wie den ganzen Kampfplatz. Andere Logen (Nro. 7.) waren vermuthlich für die Magistratspersonen bestimmt, welche das Signal zum Wettlauf mit ihrem Gewande gaben, und auf ihren Sellis curulibus saßen; sie

blieben

diesen podium. Rings um den Cirkus aber waren die Sitze für das Volk angebracht.

Die bereits oben angeführte, mitten durch den Cirkus
hinlaufende Mauer (Nro. 8.) hieß Spina und war ungefähr
fünf bis sechs Fuß hoch; in ihrer Mitte (Nro. 9.) befand
sich ein Obelisk. Dieser ist in neuern Zeiten weggenommen
und auf den Platz Navona gebracht worden, woselbst er
das prächtige Kunstwerk des Bernini ziert. Der Platz
und die Höhlung, worin er stand, sind aber noch zu sehen.
Zu beyden Enden der Spina waren die Ziele angebracht, sie
hießen Metae (Nro. 10.), und die Kunst der Renner zeigte
sich vorzüglich in der Geschicklichkeit, sich ihnen so genau
als möglich zu nähern, und sich den Weg dadurch zu ver-
kürzen; allein viele Vorsicht war nöthig, um nicht an ihnen
anzustoßen, denn der sehr leichte Wagen zerbrach außerdem, oder fiel zu Boden. Hier auf diesen kleinen Halbgötter war auch der Tempel des Gottes Consus angebracht,
nach welchem diese Spiele den Namen Ludi consuales zu
führen.

Es entsteht hier die Frage, warum die untere Seite
des Cirkus, an der die Carceren sich befanden, den Grundriß des Platzes nicht regelmäßig begrenzet? Man glaubte
bisher, alle diese Denkmähler hätten aus regelmäßigen länglichten Vierecken bestanden; so werden sie auch in den Wer-
ken der Panvinius und Bulenger vorgestellt; aber man
kann versichern, daß der Grundriß vom Cirkus der Caca-
calla sich genau so, wie er oben angegeben worden ist, befindet. Und wenn man die Ruinen der Carceren unter-
sucht; so ergiebt sich, daß sie gerade so gebaut gewesen sind,

daß in dem Augenblick, wenn alle Wagen zugleich ihr
en Standpunct verließen, jeder Platz, wo sie ausführen,
in gleicher Entfernung von einer gewissen (wie A bezeichne
ten) Stelle sich befanden; damit sie alle zugleich in den
Rennplatz einlaufen konnten, welches nicht möglich gewe
sen seyn würde, wenn die Linie, wo sie standen, nach dem
Winkelmaaß und regelmäßig angelegt gewesen wäre. Man
sieht leicht ein, daß alsdann diejenigen Sitze, welche so ge
baut gewesen waren, daß sie den Eingang der Wagen im
Gesicht hatten, einen großen Vorzug vor den entfernteren
gehabt haben würden.

Eine andere Bemerkung darf hier nicht übergangen
werden; nämlich diese. Im Augenblicke des Ablaufs er
schienen alle Wagen zugleich; allein während des Laufs
behielten die geschwindesten den Vorsprung, und je näher
sie zum Ziel kamen, je mehr verminderte sich die Zahl der
jenigen, die in gleicher Reihe fuhren. Hieraus erhellt der
Grund, warum der Eingang des Rennplatzes sehr weit seyn
mußte, und warum dieß in der Folge des Laufs nicht mehr
nöthig war. Man hatte dieß auch dadurch in der Bauart
bewirkt, daß man die Spina etwas gegen die andere Seite
zu lenkte, so daß sie dem Ausgang (B) weit nicht so viel
Raum übrig läßt, als dem Eingang, in dem letzterer drey
und dreyßig Fuß und sechs Zoll weiter ist, als ersterer, ob
schon die Weite des Cirkus an diesem Ende der Spina nur
18 Fuß mehr wäre. Bey der Größe solcher Plätze blieb eine
solche Unregelmäßigkeit beynah ganz unbemerkbar.

Dieses Urtheil, welches Herr Paris über die Anlage
der Rennbahnen gefällt hat, stimmt vollkommen mit denen
eigen

der Bauart läßt und zugleichen schließen, daß hier irgend
ein Kaiserliches Lustgebäude gestanden haben müsse.

Panvini beschreibt nicht nur verschiedene Münzen,
auf welchen Bigas und Quadrigas befindlich sind; sondern
man findet auch bey diesen unter einem Stralbten angezeigt,
welcher im Kapital aufbewahrt wird, und dessen Aufschrift
zu erkennen giebt, daß ihn die Gattin eines Renners (Au-
rigarii) ihrem Gatten hatte setzen lassen. Sie besteht nur
aus abgekürzten Sylben und lautet in der Erklärung also:

Diis Manibus.
Claudia Helice fecit Lucio Avilio Dionysio
Conductori gregis Russinae
Conjugi dignissimo. *)

Unter der Aufschrift ist der Fuhrmann selbst vorgestellt,
wie er seine Pferde füttert, und an der Seite eines jeden
Pferdes sind dessen Name, Geschlecht und die Zahl seiner
Siege angezeigt. Aus diesem Denkmahl ist also zu ersehen,
daß die Pferde den Ruhm mit ihren Leitern zu theilen pflegten. Hier ist es ein Aquilo, der Sohn eines andern Pferdes
gleiches Namens, welches hundert und dreyßig mal den ersten, acht und achtzig mal den zweyten und sieben und dreys-
sig mal den dritten Preis davon getragen hatte. Sein Ge-
spiele Arpinus ist ein Enkel des berühmten Aquilo, und zählt
er beynahe eben so viele Siege, als jener.

Man

*) Dem Andenken des Lucius Avilius Dionysius, aus
der Zelle der roth gekleideten Unternehmer, ihrem würdigen Gatten, setzte diese Gedächtniß Claudia Helice.
m. . .

Man findet auch einen andern Stein, auf welchem die Figur eines Pferdes, und vor diesem eine mit drey Palmen gekrönte Schale, auf der Seite aber der Name *Noricus* eingegraben ist. Ohne Zweifel war das Pferd aus der alten deutschen Provinz Noricum.

Die rothe Zunft, oder Gilde, war die zweyte der Ordnung nach. Die erste unter allen war die grüne; unter sie eingeschrieben zu werden, rechnete sich Nero selbst zur Ehre, sie hieß *Prasina* und ihr Gewand war Grasgrün. Die dritte war die weisse, hieß *Albata*, und die vierte, welche *Veneta* hieß, war himmelblau gekleidet. Die *Aurata* und *Purpurata* erhielten ihre Dasepn erst unter Domitian.

Neuerlich an diesem Plaße angestellte Untersuchungen und die Ruinen des Baues selbst haben zu erkennen gegeben, daß derjenige Theil, an welchem die Carceres angebracht waren, in gewisse Arkaden abgetheilt, daß deren Gewölber mit Aeabeslen gezieret gewesen waren, welche große Wagen vorstellten, und eben so ist dieser Theil auch auf den noch vorhandenen Bas-reliefs und Medaillen abgebildet. Jede von diesen Arkaden oder Kammern trug eine Bildsäule, und es ist sehr zu vermuthen, daß sie sämmtlich mit Gitterthüren verschlossen waren.

Nur noch eins von den Fußgestellen der einen Meta ist übrig, aber schrecklich verwüstet. Fast gänzlich verthan ist die Spina; die ansehnlich, um den Wagen die Aussicht nicht zu benehmen, sehr niedrig gewesen seyn muß. Man kann sich leicht vorstellen, daß die Sitze, so wie bey andern

Schau

Schauplätzen, Stufenweise angebracht waren, und sie uns gab unter ein Geländer von Gitterwerk. *)

Da an den Quadrigis vier Pferde neben einander liefen; so ist es wohl zu begreifen, daß eine nicht gemeine Stärke, diese Thiere mitten im Lauf zu regieren, erfordert wurde, man sieht auch auf mehreren alten Bas-reliff sehr deutlich, daß die Leitseile dem Fuhrmann um den Leib giengen, um ihm mehr Stärke zu geben; aber desto gefährlicher auch seine Lage seyn, wenn er fiel.

Delphinen waren auf einigen Seulen des Circus angebracht, auf andern Eyförmige Kugeln. Beydes waren wahrscheinlich Allegorien, oder ex Voto, und hatten auf Neptun, auf Kastor und Pollux Bezug, die vornehmsten Schutzgötter dieser Kampfspiele. Plin erzählt uns, der Delphin sey das geschwindeste Thier.

Nach den übrig gebliebenen Vorstellungen solcher Spiele zu urtheilen, waren diese Delphine und diese Eyer auf beyden Seiten der Obelisken gestellt, ihre Anzahl zeigte, wie oft der Renner den Umkreis zu machen hatte, und dieß mußte, nach Pindars Erzählung, bey den Griechen zwölf mal, bey den Römern aber sieben mal geschehen. Sehr wahrscheinlich ist es nun, daß bey jeder Tur, die gemacht worden war, von den Kampfrichtern ein Delphin und eine Kugel von ihrer Seule abgenommen wurden.

Von

*) Dieß muß also auf der untersten Seule mit seinem Mädchen gesessen haben, weil er ihr sagt, daß sie ihm Ende an den Schranken stellen solle.

Von den Obelisken, die sich im Cirkus befanden.

Diese Obelisken, die die Egypter in den Zeiten ihres Ruhms und ihrer Macht mit großen Kosten auf ihren Plätzen hatten errichten lassen, und die sich ihre Bezwinger, Roms Kaiser, zur Zierde ihrer Prachtgebäude zueigneten, waren eine der vorzüglichsten Schönheiten der Rennplätze.

August ließ zuerst zween der beträchtlichsten davon nach Rom bringen. Er hatte sie zu Heliopolis, der Hauptstadt Egyptens, gefunden. Jeder bestand aus einem einzigen Stück sehr harten Marmors, und jeder hielt über drey und siebenzig Fuß Höhe. Einen ließ August im großen Cirkus aufrichten, im Marsfelde den andern. Pabst Sixtus V. hat den erstern wegnehmen und vor dem Thore des Popolo wieder empor stellen lassen, der letztere aber wurde durch die Barbaren zerstört, und seine Ueberbleibsel liegen gegenwärtig itzt unter Erde und Mauerwerk.

Einen andern Obelisk ließ Nero aus Egypten bringen, er mußte den von ihm gestifteten Rennplatz zieren, dessen Stelle itzt die Peterskirche nimmt. Fontana, der Baumeister, versetzte ihn auf Befehl Sixtus V. ohnfern davon auf den St. Petersplatz, den gegenwärtig die prachtvolle Gallerie, Berninis herrliches Werk, noch um vieles verschönert. *)

Der

*) Dieser ovale Porticus umgiebt den Platz. Eine vierfache Colonnade bildet den Gänge neben einander. Dieses Werk hält im Durchschnitt der Breite, nämlich bey den vier Säulenden und

dem

a Der dritte Obelisk und zugleich auch der höchste, denn er hat hundert Fuß Höhe, besteht aus einem einzigen Stücke. Ramesses, König von Egypten, soll ihn der Sonne gewidmet haben, und zwanzig tausend Unterthanen brachten, der Geschichte zu folge, diese ungeheure Masse in den Steinbrüchen Ob
egyptens, bey Theben und den Katarakten des Nils, zu Stande.

Wahrscheinlich wagte August nicht, ihn nach Rom bringen zu lassen; er überdachte wohl genau die Schwierigkeiten, die es kosten müsse, eine solche ungeheure Last so weit zu führen. Konstantin, weniger bedenklich, unternahm es, und war so glücklich, ihn den Nil entlang bis nach Alexandrien schaffen zu lassen. Nach Konstantinopel ihn zu senden, war des Kaisers Absicht, aber ihre Ausführung vereitelte der Tod. Erst Constanz, sein Sohn, ließ solchen, auf einem eigens dazu erbauten Schiffe, bis an den Ausfluß der Tiber und in der Folge bis drey Meilen von Rom bringen, von wannen er sodann mit neuerfundenen Maschinen bis in den großen Circus geführt, und

B 5 daselbst

dem Obelisk, hundert und achtzig, in der Länge aber vom Anfange der Säulen, wenn man aus der Stadt kömmt, bis an die Straße, vier hundert gemeine Schritte. Im Porticus selbst zählte man drey hundert und zwanzig Stück Säulen von Tiburtinischem Quader, deren jede von solchem Umfange ist, daß drey Männer sie mit Mühe umklaftern können, das Dach der Kolonnade ist platt und trägt sechs und achtzig Bildsäulen von mehr als doppelter Lebensgröße, alle nach den Sitten des Gozular gefertigt.

Ne.

daselbst neben demjenigen gestellt werde, den Augustus drey Jahrhunderte zuvor hatte errichten lassen. *)

Der nämliche Pabst Sixtus V., einer von denjenigen Päbsten, welche am meisten zur Verschönerung des modern gen Roms beygetragen haben, hat diesen Obelisk wieder aufrichten lassen, der seit langer Zeit umgestürzt und in Stücken zerbrochen gelegen hatte. Im Jahr 1588. ließ er Ihn vor die Kirche St. Joh. de Latran setzen, zwey tausend vier hundert und zwanzig Jahre nachdem ihn Rameses hatte verfertigen lassen, und sein Alter erreicht gegenwärtig bald die Zahl von drey tausend Jahren.

Wie

*) Es hat uns kein Geschichtschreiber eine genauere Beschreibung der Fahrzeuge hinterlassen, mittelst deren den Alten der Transport solcher ausserordentlichen Steinmassen auf ihre Schiffe gelang. Eben so wenig wissen wir, wie diese Fahrzeuge gebauet waren. Plin erzählt der einfachen und klugen Art, mit welcher der Landesherr Satyrus unter Ptolemäus Philadelphus, den 120 Fuß langen Obelisk des egyptischen Königs Marinblis nach Alexandrien brachte, und wahrscheinlich wurden auch ebenso die übrigen Obelisken von Theben und Hieropolis an ihre neuen Plätze geliefert. Nach seiner Erzählung ließ Satyrus einen schiffbaren Kanal graben, welcher sich vom Steinbruch, wo der Obelisk gehauen wurde, bis an den Nil erstreckte; zwey grosse platte Schiffe wurden dann erbauet, und mit Steinen und Sand so schwer beladen, daß sie dem Wasser gleich giengen, damit sie auf diese Art leicht unter den Obelisk gebracht werden konnten, welchen mit beyden Enden auf den beyden Ufern des Kanals anruhte. Befanden sich nun beyde Schiffe in der gehörigen Lage; so wurden sie mit einem mal ihrer ganzen Last entladen, die Gewalt des Wassers trieb sie empor und sie nahmen solchergestalt den Obelisk mit sich hinweg, und brachten ihn, wohin man ihn haben wollte.

Alle diese Obelisken, der Obelisk des Hers ausgenommen, welcher ganz einfach ist, sind von einem Ende zum andern mit Figuren bedeckt. Dieß sind Hieroglyphen, deren Bedeutung niemand kennt; obgleich Marcellin, welcher unter Trajan lebte, sie entziffert zu haben behauptete.

Nach seiner Versicherung enthielten sie die lebendigen Schlachten und Eroberungen der ersten Egyptischen Könige. Was mich anlangt; so müssen wir, was auch mancher Alterthumsforscher behaupten mag, gestehen, daß sie uns unsern lieber geschienen haben.

Die vernünftigste Idee, die man sich davon machen kann, ist, daß sie eine Art von Kronik über die größere oder geringere Fruchtbarkeit einer Reihe von Jahren, oder eine Belehrung des Volks über den Ackerbau, als die älteste und nützlichste der Künste, enthielten. *)

Unter den Ruinen der Rennbahn des Caracalla wurde 1774 ein Gemälde gefunden, welches gerade unter der Laß-
freße

*) Wir besitzen keinen Schlüssel über ältere und neuere symbolische Schreibkunst der Egypter. Sie veränderte sich allmählich und mit ihr der Sinn der Figuren. Als die Geweihheren Briefe zu schreiben erfunden wurde, schrieben viele Hieroglyphen ganz in Vergessenheit. Die Schwierigkeit, sie zu verstehen, welche schon damals sehr groß war, als man noch keine andere Schreibart kannte, vermehrte sich stets dadurch, daß man sich nicht mehr bemühte, sie zu studiren. Daher des gegenwärtig unerklärbaren dieser Räthsel, auf den Grabsteinen, Obelisken und Gebäuden der Alten. Selbst Priester und Gelehrte Egyptens konnten sie nicht mehr lesen, wie sollte man es heut zu Tage vermögen? es wäre thöricht, sich deswegen darüber zu wellen.

lichen Lage gelegen hatte. Eine fremde Frau von angenehmer Bildung führten vier Maulthiere, deren Zügel nach
Art die Mähne herab hingen. Diese Schilderung beweist
sehr deutlich, daß die Alten auch solcher Thiere zum Rennen
sich bedienten, und wie viele Sorgfalt sie auf Pferde, und
Gegenstände ihres Vergnügens, zu wenden gewohnt waren.
Eine Meta ist uns noch übrig in den Gärten der Villa Albani und eine in der Villa Casali. Dies sind die einzigen
Denkmäler von der Art, die sich der Nachwelt aufbewahrt
haben. Weißer Marmor ist die Substanz, aus welcher sie
bestehen und ihre Höhe von jedem Fuß zeigt, daß sie nur
zu einem kleinern Circus gehört haben können. Gewundene
Längsreimen von halberhabener Arbeit zieren den Untertheil
der Säule, der sich kegelförmig erhebt, und nach dieser
Zierde solle man urtheilen, sie habe zum Circus der Flora
gehört.

Mehrere Münzen, gegrabene Steine und Gefäße zeigen uns noch die Gestalten jener Rennplätze und der einzelnen Theile derselben, die Spina, die Meta, die Quadrigae
und Bigae. Plin und Virgil versichern uns, daß ein Athe-
niensischer König (Erechtheus) zuerst den Versuch gewagt
habe, mit vier in einer Reihe gespannten Pferden die Rennbahn zu betreten, und diese Art zu rennen fand nach ihm
den Beyfall der Griechen und Römer so sehr, daß man nur
vierspännige Wagen im Circus sahe, keine Bigae daselbst
nicht mehr nahmen. Auch diese Zahl wurde in der Folge erhöht,

nach

gabd Pferde lenket an die Seite gerichtet, und Nero, welch
cher alles übertrieb, errannte, nach Suetons Erzählung,
in einem Wagen mit zehen Pferden in einer Reihe bespannt,
den Sieg. Einen sechsspännigen Wagen zeigt uns der Tes
gra des Septimus Severus. Zwanzig Pferde, in gleicher
Reihe gekuppelt, leitet ein Kunstwerk auf einem antiken
Stein, der sich in der Sammlung von Alterthümern des
Comte de Caylus abgestochen befindet. Er stellt einen
Olympischen Sieger vor, allein da kein Kennzeichen uns
sagt, in welche Epoche er gehöre; so ist es ungewiß, ob er
Bezug auf einen wirklichen Sieg habe, oder die Einbildungskraft des Künstlers der Grund seines Daseyns sey?

Von Schauspielhäusern der Römer.

Wir haben bisher von denjenigen Spielen und Uebungen der Römer gehandelt, welche blos auf körperliche Stärke und Geschicklichkeit Bezug hatten und bey einem austreis
menden und von Natur kriegerischen Volke vorzüglich beliebt
seyn mußten. Jedes ihrer Lieblingsspiele war ein Bild des
Kriegs. Noch hatte der Römer keine Idee von Talenten
des Geistes, und erst nach einer langen Reihe von Jahren
kamen diese bey ihnen zur Reife.

In diesem Fache, wie in so vielen andern, war der
Grieche sein Lehrmeister. Dort im holden Griechenlande
bauten sich die Musen frühe ihren Tempel. Den Griechen
ertheil-

erhielten sie, wie Horaz sagt, das Gepränge des Witzes und der Rede. ⁂)

Erfinder der gymnastischen Spiele zur Uebung des Körpers, war er auch der Erfinder des scenischen Spiels, der theatralischen Vorstellung. Aeschylus, einer der Seine Vaterlands gebornen Dichtern erfand zuerst die stehende Bühne, gab ihr zuerst die für die besondern Vorstellungen paßenden Decorationen.

Die Schauspielhäuser der Alten hatten drey Abtheilungen, das Proscenium, oder die eigentliche Bühne, die Sitze der Zuschauer, und das Orchester zwischen beyden. Letzteres war bey den Griechen für die Mimenspiele und Tänze, bey den Römern aber für erhabne Personen, für Senatoren und Vestalen ꝛc. bestimmt. Ein großer Halbzirkel war der Umfang solcher Schauspielhäuser von außen auf der einen Seite; kurz abgeschnittern und zu einförmig aber war er auf der andern, und hier prangten prächtige Kolonaden die Außenseite des Gebäudes.

Große Theater, so wie z. B. das Schauspielhaus des Marcellus zu Rom waren von außen mit einem dreyfachen Portikus versehen, und inwendig pflegten die Sitze in stufenweise Erhöhung vom Orchester an empor zu laufen. Wir

folge,

⁂) Orcis ingentem, Oaeli &c<c ero rotundo
Horti legni . . . .

Sitze, proedrie genannt, ...ten die Sitze von einander, und diese waren wieder mit den verschiedenen Eingängen verbunden. Doppen liefen zwischen ihnen durch, führten von einer Reihe Sitzen zur andern und endigten an den verschiedenen Pforten der Eingänge, Vomitoria genannt, wo das Volk ein und ausgieng.

Die Größe des Theaters bestimmte den Raum des Orchesters, und vorzügliche Ordnung herrschte in Rücksicht der Plätze. Obrigkeiten und Greise hatten ausgezeichnete Sitze; Frauen nahmen die Sitze der dritten .... ein; und noch besondere Plätze gehörten verschiedenen Personen eigenthümlich. Diese waren den Familien erblich und wurden nur solchen Geschlechtern zugestanden, deren Verdienste um den Staat entschieden waren. Solche Sitze waren meist zunächst am Orchester auf beyden Seiten in Gestalt eines .... angebracht und man nannte sie ....

Noch ist eine nähere Beschreibung der dritten Abtheilung übrig, nämlich des proscenium. Sie hatte eine große Fassade von einer Seite des Theaters zur andern, und vor dieser Fassade pflegten die Verzierungen und das Tuch angebracht zu werden, worauf der Gegenstand des Stückes gemalt war. Da dieses Tuch solchergestalt am Hintergrunde der Bühne angebracht wurde, so hatte es gerade die entgegengesetzte Bestimmung von denjenigen, welche heut zu Tage .... Vorhänge erreichen sollen; die Schauspieler erschienen en unendlich vor denselben, und mit dem nöthigen wurden sie den Augen der Zuschauer entzogen.

Vor dieser erhöhten Fassade, die ein Reichthum von Säulen, Statuen und Bas-reliefs schmückte, befand sich das Proscenium, das Pulpitium, oder die Vorscene. Dieß war der Platz, worauf die Vorstellung eigentlich gegeben wurde, sie zeigte bald einen öffentlichen Platz, bald eine einfache Straße, bald eine Landschaft, stets aber einen freyen Ort; denn alle Stücke der Alten wurden im Freyen gegeben und nicht im Innern der Häuser, wie viele der unsrigen.

Auch waren Platten, oder auf beyden Seiten der Bühne, leere Räume angebracht, welche wahrscheinlich zum Ein- und Ausführen der Schauspieler, oder zur Aufbewahrung der Decorationen bestimmt seyn mochten. Vielleicht wurden auch die Maschinenwerke dahin gestellt.

Da die Alten dreyerley Arten von Schauspielen kannten, komische, tragische und satyrische; so ist leicht zu begreifen, daß sich auch die verschiedenen Decorationen nach diesen zu richten pflegten. Die für die Tragödie bestimmten Verzierungen bestanden in prächtigen Säulengebäuden und Statuen. Die komischen hatten einfache Privatgebäude und das Innere von Gebäuden, und die satyrischen, Landschaften, Höhlen, ländliche Plätze u. dergl. wie. Worauf sie eigentlich gemalt waren, ist unbekannt, aber gewiß

uns, daß das Perspectivische sehr genau dabey beobachtet war, denn Vitruv versichert, schon zu den Zeiten des Aeschylus habe ein Maler, Namens Agatharcus, die Regeln desselben erfunden, und aus einem von ihm hinterlassenen Tractat hätten Demokrit und Anaxagoras dasjenige geschöpft, was sie über diesen Gegenstand sagten.

Was das theatralische Maschinenwerk anlangt, so kannten die Alten gewiß mehrere Arten desselben; denn Gottheiten machten doch wohl einen vorzüglichen Theil ihrer theatralischen Personen aus, und diese mußten nothwendig bald vom Olymp herab, bald aus den Klüften des Orkus empor steigen; ganz zuverlässig hatten sie hiezu Mittel, deren Triebwerk der Menge verborgen blieben. Pollux, welcher zu den Zeiten des Kaisers Commodus gelebt und Beschreibungen von den Theatern der Alten hinterlassen hat, erwähnt deutlich eines Gewichts und Gegengewichts, dessen Wirkungen die nämlichen waren, die noch auf unsern Theatern dadurch hervorgebracht werden.

Von allen den verschiedenen Erfindungen des Maschinenwesens war keine gewöhnlicher, als das Herabfahren der Gottheiten, um den Knoten des Stücks zu lösen, denn diese Art der Entwicklung half den Dichtern sehr oft aus ihren Verlegenheiten. Da aber diese Maschinen den Schwung auf unsern Theatern glichen, so waren sie auch den nämlichen Zufällen unterworfen, und wie lesen im Sueton, daß da ein Schauspieler, der die Rolle des Ikarus spielte, unglücklicher Weise das nämliche Schicksal hatte, nahe am Sitze des Kaisers Nero herabfiel und die Umstehenden mit seinem Blute bedeckte.

Die Theater- und Scenen-Veränderungen geschahen durch Walzen, oder durch Rahmen, wie uns der Grammatikus aus Servius meldet, welcher unter Konstantin lebte. Diese so wandten sich von einer Seite zur andern und brachten bald diese, bald eine andere Dekoration zum Vorschein. Die Beschreibung dieses Mannes kommt übrigens vollkommen mit demjenigen überein, was man bei der Entdeckung des Herkulanischen Schauspielhauses wirklich gefunden hat, woselbst die Löcher am Proscenium nach der Bestimmung, diese Walzen zu fassen, deutlich gingen.

Die Vorstellungen der Schauspiele wurden bei den Alten alle am hellen Tage gegeben, und da nur die Portie und das Gebäude der Scene allein bedeckt waren, so mußte der übrige Theil des Schauspielhauses mit Tüchern überzogen werden, welche an Seilen und Stangen bevestigt wurden, um die Zuschauer vor der Sonnenhitze zu sichern. Weil aber eine so ungeheure Menge von Zuschauern nothwendig eine große Hitze verursachten; so wußte man diese durch künstlichen Regen zu mäßigen, welcher auf die übergespannten Tücher gegossen wurde. Man hatte den sinnreichen Einfall, durch eine unzählige Menge von Röhren den und Rinnen eine große Quantität Wasser bis zum obern Theil des Gebäudes, und oft bis in die Statuen empor zu treiben, welche den Gipfel zierten; war nun das Wasser einmal zu dieser Höhe gelangt; so ward es leicht, solches gleich einem sanften Regen über das ganze Theater zu vertheilen, und man hatte die Erfindung sogar so weit gebracht, daß man diesen Regen durch Vermischung mit wohlriechenden Wassern, angenehme Gerüche mitzutheilen wußte, dieß war aber nicht genug, denn diese tuchene Decken, anfangs bloß dazu bestimmt, um die Sommerhitze und das allzu grelle Licht aufzuhalten, wurden in der Folge ein neuer Gegenstand des Luxus. Lentulus Spinther, ein römischer Senator, aus einem der berühmtesten Patriziergeschlechter, ließ solche Dächer von der feinsten Leinwand verfertigen. Nero ließ sie nicht nur mit Purpur färben, sondern auch noch mit goldenen Sternen besäen, ließ sich sogar in der Mitte der Decke in der Gestalt des Apoll auf dem Sonnenwagen malen.

Dieser ausschweifende Luxus war nichts anders, als eine natürliche Folge der Macht und des Reichthums, zu welchem die Republik sich empor geschwungen hatte. Es stieg so hoch, daß nicht selten ein Privatmann mit eigenem ungeheurem Kostenaufwand prächtige Schauspielhäuser aufführen ließ, Feste dem Volke darinnen gab, und den Zuschauern die herrlichsten Geschenke austheilen.

H 2   Eine

Emilius Scaurus, aus dem edlen Geschlechte der Emilie, ward durch eine solche Unternehmung vorzüglich berühmt. Als Aedilis ließ er ein Theater von Zimmerwerk aufführen, blos um einen Monat lang Schauspiele darin zu geben. Dieses Gebäude glich mehr einem Zauberpalast als einem wirklichen Schauspielhause. Indeß ließ man hier vielleicht gerne die Beschreibung, die ihn uns von sich selbst gegeben hinterließ.

„Ich weiß nicht, „sagt dieser Geschichtschreiber, „ob „die Aedilitäten des Scaurus nicht mehr als alles ande„re zur Verderbniß der Sitten beytrug, und ob die Proscrip„tionen des Sylla der Republik so viel schadeten, als die „Aedilitäten seines Eidams. Dieser ließ ein Schauspiel„haus errichten, dem nichts glich, was je erbaut worden „ist; nicht blos für die Dauer einiger Tage, selbst für „Schulen.„

„Dem Schauspielern von drey hundert und sechzig „Säulen schätzten der Scenus, etwas außerordentliches, in „einer Stadt; die es einem der ansehnlichsten Bürger zum „Verbrechen machte, in seinem Hause sechs Säulen vom „Berg Hymettus errichtet zu haben.„

„Die erste Ordnung war von Marmor, die mittlere „von Glas — eine Art von Luxus, der ihm niemand nach„machte; und die erhabenste Ordnung war von vergoldetem „Holz. Acht und dreyßig Fuß hoch waren die Säulen der

gebrauchbar geworden, und man hat daher den Entschluß gefaßt, das bewegliche Schaugerüst beyzubehalten zu laſ- ſen; es blieb also in der Form eines Amphitheaters, für Richter und Gladiatoren beſtimmt. *)

Bis jetzt iſt blos hölzerner Theater erwähnt worden, welche nur für periodiſche Spiele errichtet waren. Nur die Erzählungen gleichzeitiger Geſchichtſchreiber geben uns einige Aufklärung über dieſe prächtigen Thorheiten der Römer, und ſelbſt dieſen iſt nicht immer ein unbedingter Glaube bey- gemeſſen. Die einzigen Denkmähler dieſer Art, deren Daſeyn nicht bezweifelt werden kann, ſind die Theater des Pompejus und des Marcellus, von Steinen erbaut; übri- gens befindet ſich auf dem Kapitol ein Riß des alten Roms, welcher die Lage dieſer Schauſpielhäuſer zeigt. Das erſte ſtand auf dem Platz der Flora, das andere bey dem Octa- vianiſchen Portucus.

Pompejus kam aus Griechenland zurück, brachte den Riß eines Theaters von Mytilene mit und ließ ein ſolches zu

*) Es würde zu weit führen, hier alle einzelne Theile dieſer Won-
dermaſchine zu zergliedern, wir verweiſen derfalls auf die Be-
ſchreibung, die Graf Caylus im Recueil de l'Académie des
Inſcript. Tome XXXIX. davon giebt. Sie iſt leſenswürdig,
wie alles, was der Feder dieſes gelehrten Alterthumsforſchers entfloß,
deſſen Verdienſte den Künſten und Wiſſenſchaften ſtets ſchätzbar
bleiben wird.

zu Rom aufführten. Gemälde und Bildsäulen von Marmor und Bronze zierten es, sie kamen von Athen, von Corinth und von Sycamerkt. Eine Wasserleitung brachte Wasser in alle Theile des Gebäudes, theils zur Erfrischung, theils zu sonstigem Gebrauch. Sonderbar ist es, daß Pompejus, um dem Tadel des Volks und der Magistratspersonen zuvorzukommen, und seinem Werke die Dauer zu sichern, in dessen Bezirk einen prächtigen Tempel errichten ließ und ihn der siegreichen Venus widmete. Er erwarb auf diese Art seinem Gebäude, indem er es sehr erfinderisch dem Schutz einer mächtigen Göttin untergab, die Ehrerbietung des Volks, so lange die Religion blieb, die diese Gottheit verehrte. Allein das Theater und der Tempel fielen mit ihr und nur einige, von neuern Gebäuden umgebene, Trümmern zeugen noch von seinem ehemaligen Daseyn.

Vor der Erbauung des Pompejischen Schauspielhauses pflegte das Volk vermuthlich nur stehend und ohne Sitz den Spielen beyzuwohnen. Erst Pompejus ließ bequeme Sitze und Logen in demselben anbringen und man hielt dieß für eine neue Gattung Weher noch unbekannter Weichlichkeit, wofür ihm ernsthafte und strenge Leute wenig Dank wußten; wenigstens versichert uns dieß Tacitus in seinen Annalen. Er sagt: „Bis jetzt stand das Volk in den Theatern, aber saß doch nur auf flüchtigen und für den gegenwärtigen Augenblick gefertigten Sitzen; und wir müssen

$\mathfrak{H}$ 5   aber

„verbrechen, daß, da es sich nun so sehr bequem daselbst
„befindet, es künftig den ganzen Tag den Schauspielen wid-
„men werde;" im 19. B. seiner Annalen.

Das zweyte Theater von Stein ist das Marcellische,
wovon der größte Theil noch gegenwärtig steht. Es war
das Werk von den Schauspielhäusern zu Rom, faßte zwey-
zwey und zwanzig tausend Personen, hatte im inwendigen
Durchschnitt des Halbzirkels hundert vier und neunzig Fuß,
im äußern Durchschnitt vier hundert und siebenzehn.

Der Name Marcellus macht die Ueberreste dieses
Denkmals der Nachwelt wichtig. Wer kennt ihn nicht,
den jungen Mann, der das Idol des römischen Volks war?
Wer erinnert sich nicht der Lobsprüche Virgils und Hora-
zens? August widmete ihm ein Schauspielhaus, um sein
Andenken zu verewigen, aber kaum hat die Zeit eines Theils
davon geschont; sie wird es zerstören und — die Verse jener Dichter werden bleiben!

Von den Theatermaſſen.

Der außerordentlich weite Umfang der Theater des Alterthums nöthigte das Volk, auf Mittel zu sinnen, um die
Schauspiele auch in weiter Entfernung genießen zu können.

Es ist bereits oben gesagt worden, daß alle diese
Schauspielhäuser, selbst diejenigen der Städte vom zweyten

und

auch daß man sie daher, nach den damals schönsten Arten
des Spiels, in komische, tragische und satyrische theilte
te. Wol größer, und schwerer beladen, als alle übrigen,
waren die tragen, denn sie stellten Heroen, Halbgötter und
Götter vor, welche die Einbildungskraft des Dichters
als außerordentliche Menschen malte. Etwas übermenschli=
sches lag im Gedanken solcher Halbgötter, und der Schau=
spieler mußte daher auch stets seinen Körperbau durch Kunst
zu vergrößern suchen, um ihn der Proportion der Maske
anzupassen.

Die Tragböcke insbesondere machte diese Vergrößerung
abhängig, von dem Helden oder Halbgott den Anstand zu ge=
ben, den sich das Volk von ihm dachte. Es war ein all=
gemeiner Wahn, und ihm nicht zu fröhnen, würde die Ein=
bildungskraft des Zuschauers beleidigt haben.

Auch hatten besondere Rollen ihre eigenen Karaktere
re. Stärke und Muth erschienen in der Maske des Herkul.
Wüthend mußte die Maske Oreste um sich blicken, andere
schilderten die Trauer, die Verzweiflung, und die übrigen
Leidenschaften, je nachdem das Spiel es foderte.

Nur die männlichen und Frauenmasken waren, so viel
wir wissen, nicht häßlich, waren vielmehr reizend, ange=
nehm und regelmäßig. Diese nannte man nach Lucians
Bericht, stumme oder Orchestermasken.

Noch

Noch ein Vortheil, den die Theatermasten den Alten gewährten, war der, daß Mannspersonen die Rollen eines Weibes übernehmen konnten, und sie wurden besonders dann unentbehrlich, wenn Gegenstand oder Ausdruck der Rolle, Anstrengung der Lunge und männliche Sprache bedurfte; eine Sache, die das ausgebildete Schauspielkunst nicht selten nothwendig machte.

Mehrere Schriftsteller des Alterthums, und sehen des Cassiodorus, versichern, diese Lezteren hätten die Stimme des Schauspielers, besonders in der Tragödie, in einem solchen hohen Grade verstärkt, der kaum von der Stärke menschlicher Brust zu erwarten gewesen sey. [*)]

Aber auch sonderbarer und doch wahr ist die Gewohnheit der Alten, in ihren Spielen eine Person auftreten zu lassen, die gestikulirte, indeß eine andere für sie sprach. So lächerlich dieß englischen auf unserer Bühne lassen müßte; so wenig auffallend ward es auf Theatern von der Größe der Römischen, welche nicht mit künstlicher Beleuchtung versehen waren, wie die unsrigen, aber welche der Tag, der sie erhellte, nicht so viel Licht, als unsere Illuminationen zu verbreiten fähig war. Die Wahrheit dieser Angabe von längst mir übrigens Cratna, Lucian und Aulus Gellius, nebst mehreren andern.

Lindach

*) Tulem faman futura efferre, in quod ab homine non credant.

Von den Pantomimen und den theatrali-
schen Vorstellungen der Alten.

Nichts würde angenehmer seyn, aber nichts ist auch
schwerer, als eine richtige Vorstellung von der Art zu geben, wie die Alten ihre Stücke aufzuführen pflegten. Und
doch war dieß eine Kunst, welche damals sehr bekannten
Regeln unterworfen war, von welcher mehrere Schriftsteller ganze Bände geschrieben haben. Unglücklicherweise sind
jene Bücher nicht bis zu uns gekommen, und alles, was
sich über diesen Gegenstand sagen läßt, muß als Vermuthung von mehr oder minderer Wahrscheinlichkeit angenommen werden.

Außer Zweifel gesetzt ist inzwischen dieß, daß sowohl
Griechen als Römer, deren melodische Sprache es verstat-
tete, ihre theatralischen Declamationen nach dem Sylbenmaaß abmaßen.

Hiebey herrschten gewisse Regeln, denen selbst die Ge-
stikulation unterworfen war. Quintilian versichert, die
Römer hätten eigene Lehrmeister in der Kunst zu declamiren,
Artifices pronunciandi, gehabt, so wie wir Sing- und
Tanzmeister haben. Worinn bestanden aber eigentlich jene
Regeln? waren sie eine Art von Recitativ? eine auf No-
ten gesetzte Prosodie, und wie war dieß beschaffen? —
Hier ist es sehr schwer, etwas zu bestimmen!

So viel weiß man gewiß, daß Flöten die Declamation auf dem Theater stets zu begleiten pflegten, und auch
diese Instrumente waren an Form und Ton nach dem Cha-
rakter des Stücks verschieden.   Der Tibicen, eine Art
von Bassist, welcher die Stimme des Histrionen begleitete,
ward gewissermaßen eine nothwendige Person bey den Declamationen, weil, wie Cicero sagt, das Metrum des
Verses bey gewissen Stücken, nur durch das Flötenspiel
bemerkbar wurde.

Alles dieß ist für uns sehr dunkel und räthselhaft.   Es
läßt sich keine nähere Aufklärung hierüber geben, als diese,
daß die Kunst der Geste, welche die Alten Hypocritica nannten, dem Rhythmus oder dem Sylbenmaaß unterworfen
war, und daß diese beyden Künste eine gewisse Gleichheit,
gemeinschaftliche Regeln und Gesetze hatten.   Aber es würde
die zu weit vom Zweck dieses Werks abführen, rieher in diese abstracte, von unsern Sitten und Ideen so sehr entfern-
te Materie eindringen zu wollen, und man muß hier bloß
eine Beschreibung von demjenigen, was das Theater der
Alten besonders auszeichnete, und von den Vollkommenhei-
ten einzelner Theile desselben erwarten.

Mächtige Wirkung mußten die zahlreichen Chöre auf
den Zuschauer hervorbringen, die in allen ihren Spielen
auftraten, und der Zweck, zu dem sie bestimmt waren. Ohne an den Pomp und das Prachtvolle zu gedenken, das sie

ge, aus verschiedenen Altern, aus Greisen und Kindern zusammen gesetzte Chöre auf jenen weiten Theatern darstellten, so gaben sie überhaupt dem Ganzen unendlich mehr Intresse, denn sie theilten die Aktion mit den Hauptschauspielern. Allein um sich eine wahre Idee hievon machen zu können, nehme man ja nicht unsere heutigen Chöre zum Maaßstab; sie sind gleichsam noch in ihrer Kindheit gegen jene, aus den geschicktesten Schauspielern, zusammengesetzten Chöre der Alten, von welchen jeder, ganz mit demjenigen beschäftigt, was er zur Aktion der übrigen beytragen mußte, zu einem herrlichen Ganzen mitwirkte, und die vereinigt eine Wirkung thaten, die sich nur denken, nicht nachahmen läßt. Die Geschichtschreiber hinterließen uns hievon Erzählungen, die sehr außerordentlich lauten; sie schildern uns den Effekt oft sehr schauderhaft. Einer, unter andern, in dem Trauerspiel des Eschylus, die Eumeniden genannt, setzte mehrere Frauenspersonen so sehr in Schrecken, daß sie im Theater zu flüchten gehabten. Wann die Alten so sehr auf die Vollkommenheit ihrer Chöre bedacht waren; so läßt es sich leicht denken, daß ihre Schauspieler, die es unternahmen, die ersten Rollen zu spielen, große Fähigkeiten besitzen mußten. Aesopus war, nach Quintilians Bericht, einer von den größten römischen Akteurs im Trauerspiel, und Roscius einer der vorzüglichsten im Lustspiel. Letzterer war bekanntlich der Freund des Cicero und eben so geschätzt wegen seiner Kunst, als wegen seiner Rechtschaffen-

heit.

hielt. Er hatte die Kunst der Gesten, Sakario genannt, zu so hohem Grade gebracht, daß ihm Cicero öfters eine Wette antrug, wer einen und den nämlichen Gedanken besser auszudrücken fähig sey, ob er durch Geberdenspiel, oder der Redner durch Kunst der Sprache? [*]

Man darf sich nur das, was so eben von der Theilung der Rolle unter zween Spieler gesagt worden ist, zurück rufen, um eine Vorstellung von dem Grade der Vollkommenheit zu erlangen, zu welchem die Alten das Geberdenspiel gebracht hatten. Man begreift leicht, daß der rezitirende Schauspieler entweder im Vordertheil oder hinter den Kulissen der Bühne versteckt seyn mußte, und daß nur der Geberdenspieler auftreten durfte. Das Zusammentreffen zwischen beyden, wovon wir uns so schwer eine Idee machen können, mußte nothwendig das Resultat einer langen beschwerlichen Uebung seyn. Auch finden wir im Quintilian, diesem scharfsinnigen Kritiker, eine Menge Regeln und Anweisungen zu jener besondern Kunst. Stellen im Seneca und im Cicero lassen uns nicht zweifeln, daß die Schauspieler der Alten hierin sehr berühmt waren. Einer besonders versichert uns, daß eine falsche und nicht wohl

[*] Et satis constat eum cum Histrione solitum, utrum Roscius eandem sententiam verius gestibus efficeret, an ipse per eloquentiae copiam sermone diverso pronunciaret. Macrob. Saturn. L. II., C. X.

wohl abgemeffene Gefte, eben fo am Spieler getadelt zu werden pflegte, als ein Fehler der Declamation.*)

Der ausschweifende Hang der Alten für jede Art des Schauspiels macht allein begreiflich, warum fie fo unermeßliche Summen darauf verschwendeten, fie waren fo groß, daß Königreiche, wie Titus Livius verfichert, schwerlich hinzu hinreichend gewesen feyn würden. Unglaublich war der Preis, für den gute Schauspieler gehalten wurden. Macrobius erzählt, Oefopus, der Meifter im Trauerfpiel, habe feinem Sohn ein Vermögen von fünf Millionen hinterlaffen, deffen Erwerb er blos feiner Fähigkeiten auf der Bühne zu danken hatte. Rofcius foll, nach Plin, fünf fig taufend Sefterzien jährliche Löhnung genoffen haben. Um eine Rolle in feinem eigenen Stücke zu fpielen, bot Julius Cäfar dem Dichter Laberius zwanzig taufend Thaler.

Mark Aurel, der Weife, war es endlich, der feinen Verfchwendungen Schranken fetzte; er verordnete gewiffe Preife, welche der Schauspieler bey Schären, die Regifstraterperfonen dem Volle geben mußten, in Zahlen nicht überfchreiten durfte, und mehr als den gedoppelten Werth des Preifes zu geben, war felbft der Freygebigkeit nicht erlaubt.

J 3   Aber

*) Hiftrio, fi peculatem fe movet extra numerum, aut fi verfus pronunciatum eft, fyllaba una brevior aut longior, exfibilatur aut explauditur.

Aber von allen Arten des Spiels war dem Römer die Pantomime das Liebste. Sie war bey ihm gemein, indeß ihm die Meisterstücke der griechischen Tragödie etwas fremdes waren. Der feinern attischer Sitten mußte man bey die sem, weniger für Vergnügungen des Geistes fühlenden Volke nicht suchen; Schauspiele mußten sie haben, aber Schau spiele für das Auge. Schon die Benennung der Pantomi me, eine Kunst alles nachzuahmen, sagt uns, daß jene Schauspieler jeden Gegenstand durch Gebehrde darzustellen wissen mußten. „Zuweilen,„ sagt Lucian, „ward der In „halt der Pantomime abgesungen, zuweilen blieb die Vor „stellung stumm.„ „Die Bewegungen der Pantomime,„ sagt Bol du Bos, „sind eben so viele Sprachen, mit denen „Hülfe der Schauspieler spricht, ohne Oefnung des Mundes.„

Die berühmtesten Schauspieler in der Pantomime der Römer, hießen Bathyllus und Pylades; beyde lebten unter August; Bathyll war stark im komischen, Pylades im tragischen.

Eine Flöte, Tibia ductilica genannt, begleitete stets die Pantomime; und dieß wahrscheinlich derwegen, weil die Flöte die Menschenstimme am besten nachahmet. Diese Flöte wurde dann wieder von andern Instrumenten beglei tet, die ihr, wie Cassiodor sagt, statt des Basses dienten.

Was

Was uns hauptsächlich zur Bewunderung der Vollkommenheit jener Pantomimenspiele reizt, ist der Umstand,
daß die Alten Masken trugen, und daß, sollte man denken,
dadurch ein großer Theil des Ausdrucks in den Mienen verloren gehen mußte; wiewohl man auch behaupten kann,
daß eine mit mehrern Ausdehnungen versehene Theatermaske
ebender vermögend war, die gehörige Wirkung in der Entfernung zu thun. Uebrigens waren diese Masken weniger
hinderlich, als die der andern Schauspieler, weil hier die
Nothwendigkeit des ausgedehnten Mundes weg fiel.

Daß indessen wirklich Masken beym Pantomimenspiel
gebraucht wurden, erhellt aus folgender Erzählung des Macrobius. "Einmal," sagte er, "als Pylades die Rolle
des wahnsinnigen Herkuls spielte, ... ihn der Tadel der
Zuschauer, als übertriebe er die Wuth. Pylades nahm
daher die Maske ab und rief laut: Thoren! vergesset
aber es, daß ich einen größern Thoren hier vorstelle,
als ihr seyd!"

Der nämliche Schriftsteller erzählt auch, Hylas, ein
Schüler von ihm, habe einst einen Monolog gehalten, dessen Inhalt Lob des Agamemnon gewesen sey; um nun anzuzeigen, er sey ein großer Feldherr, ein erhabener Mann
gewesen, habe er auf eine Art gestikuliert, die bey dem Zuschauer die Idee eines großen Wuchses hervorgebracht hätte.
Pylades, welcher gegenwärtig war, habe dieß gesehen,

und

und ihm aus dem Grunde der Bühne zugerufen: „Freund; „deine Geste zeigt uns zwar den großen Mann, aber nicht „den Mann von Größe." Das Volk habe hierauf den Pylades ersucht, selbst auf die Bühne zu steigen und diese Rolle zu spielen; das sey auch sogleich geschehen; der Schauspieler habe aber bey dieser Wendung des Stücks mit mehrerem Glücke die Stellung eines im tiefen Nachdenken versenkten Mannes, als die der erhabenen Seele eigene, gewählt. [*]

Bis zur Wuth schweifte die Leidenschaft des Römers für diese Art Schauspiele aus. Partheyen und Factionen entstanden, um diesem oder jenem Schauspieler den Vorzug zu behaupten und August selbst soll, nach den Versicherungen der Geschichtschreiber, an solchen Wettstreiten Theil genommen haben. Man führt sogar eine feine Antwort an, die Pylades diesem Kaiser gegeben haben soll, als er ihn aufforderte, sich mit seinem Nebenbuhler Bathyl zu vereinigen: „Könnte wohl," sagte er, „der Kaiser mehr gewinnen, als wenn sich das Volk viel mit unseren Streitigkeiten, „nicht beunruhigen beschäftigt, was zwischen Pylades und Bathyll vorgeht?"

Unglaublich war die Menge solcher Schauspieler aller Arten unter Diokletian und Konstantin; und Ammianus Marcellinus sagt uns, man habe damals zu Rom dery tausend

Tänzer

[*] Macrob. Saturn. L. II. C. VII.

Thäter und Pantomimenspieler und eben so viele andere zu den Chören und dem Theater gehörige Personen anzählt. Dies ist schon genug, um daraus den Schluß zu ziehen, wie unentbehrlich sie dem Römer gewesen seyn müssen; noch mehr aber erhellt es aus folgender Erzählung des nämlichen Seneca. Es entstand nämlich einst zu Rom eine Theurung, jeder Fremde, jeder Gelehrte und Künstler ward aus der Stadt geschafft, aber die Schauspieler und die zur Bühne gehörigen Personen blieben ruhig daselbst.

Von den Amphitheater.

Auch von diesen einige Bemerkungen hier anzufügen, erfordert der Plan dieser Reiserei.

Wenn man die Bauart dieser geräumigen Monumente mit denjenigen vergleicht, die uns die Schauspielhäuser der Alten darstellen, so scheint es beym ersten Anblick, als sähe man zwey Theater vereinigt, deren Stufen in der Gestalt einer länglichen Runde angebracht sind, denn beynahe alle Amphitheater waren nach diesem Risse, nur sehr wenige in regelmäßiger Cirkelrunde gebaut.

Während der Republik waren die Amphitheater, so wie die Schauspielhäuser, nur von Holz; erst unter Augusts Regierung erhielen ein solches Gebäude von Stein. Das erste Amphitheater ließ 'ein gemeiner römischer Bürger,

J 5

du

ein Senator, Namens Statilius Taurus, erbauen, er wählte hierzu das Marsfeld. Dem Kaiser Trajan verdankte man in der Folge ein anderes; aber sie alle übertraf Vespasians Werk, das Coliseum, das sonst Collosaeum hieß.

Einige Bemerkungen hierüber befinden sich schon im ersten Bande dieses Auszuges; aber was damals nicht gesagt werden konnte, und doch gesagt zu werden verdient; ist die Art und Weise, der sich die Alten bedienten, um sich vor den Unbequemlichkeiten der Luft zu schützen.

Alle ihre Schauspiele wurden bekanntlich am Tage gegeben. Die Hitze des Klima machte dabey den Wunsch der Beschattung nothwendig, und andere Mittel, als große Dächer über sich spannen zu lassen, fanden hier nicht Platz. Auch bey Amphitheatern mußten diese zur Decke dienen; allein größer war hier die Schwierigkeit wegen der Größe, die ein solches Dach haben mußte, um z. B. ein ungeheures und, über fünfzig tausend Menschen fassendes Coliseum zu decken. Der Ritter Fontana hat in seinem Werk über dieses wichtige Denkmahl der Vorzeit, seine Gedanken von der Möglichkeit und Art der Ausspannung und Erhöhung dieser Dächer ausführlich gesagt. Er hält dafür, sechzehn dreyeckichte Dächer seyen vereinigt, durch Seile ausgespannt und am innern Theil der Arena befestigt worden; alle diese Dächer habe man hierauf durch unzählige Rollen und Stricke, welche auf mehrere große, oben an den Mauern be-

befestigte

verdigte Stangen Bezug hatten, zu gleicher Zeit in die Höhe beschränkt, ausgespannt und solchergestalt den Zweck der Bedeckung vor Sturm und Regen erreicht. *)

Der innere Plan dieser Gebäude hieß Arena und war eigentlich für die Spiele selbst bestimmt, welche meist in Gefechten der Kämpfer, oder wilder Thiere bestanden. Zuweilen kämpften Thiere allein, zuweilen mußten Menschen mit Thieren kämpfen. Hiezu wählte man meist Missethäter, die das Gesetz zum Tode verdammte. War der Sträfling so glücklich, hatte er so viel Stärke, das Thier zu besiegen, so war er der Strafe entledigt, und diese Geschicklichkeit, diese Stärke, die ihn der Gesellschaft um so fruchtbarer hätte machen sollen, erwarben ihm Vergebung seiner begangenen Verbrechen, und die Freyheit neue begehen zu können. Das vorzüglich prachtvolle solcher grausamen Spiele bestand in der Menge der kämpfenden Gladiatoren, und je mehr Blut vergossen worden war, je festlicher war der Tag für den Zuschauer gewesen. **)

Ein

*) Eine genaue Beschreibung hievon befindet sich auch in des Marquis de Maffei Verona illustrata.

**) Eine neue Art von Luxus, die Arena zu schmücken, deren Erfindung man dem Kaiser Caligula verdankte, war, solche statt des Staubes mit Chrysocolla oder Borgarin, einer Art des schönsten grünen Kupferkalkes bestreuen zu lassen. Man kennt diese Erdart in der Naturgeschichte unter dem Namen los cupri

Ein noch mehr blutiges Schauspiel aufgereget, aber bey den Römern nicht minder beliebtes Schauspiel, war der Kampf der Fechter. Diese Art des Spiels war so häufig, daß man durch ein ausdrückliches Gesetz jedem Bürger, der sich um die Magistratswürde bewarb, dergleichen Kampfspiele anzustellen verbot, weil man befürchtete, er möchte sich hierdurch zu sehr die Herzen des lüsternen Volkes zum Nachtheil anderer Mitbewerber gewinnen.

Man verlange hier keine ausgebreitete Abhandlung über eine Gattung von blutigen und grausamen Schauspielen, die der Menschlichkeit Entsetzen verursachen; weil bey kaum Worte enthalten ihre Beschreibung. Vielmehr wäre zu wünschen, daß ihr Andenken von der Erde vertilget seyn, wir nicht wissen möchten, daß jene in allem Betracht so große, so erhabne Römer an dergleichen blutigen Vergnügen fanden. Wahrlich man schaudert zurück bey dem Gedanken, daß die vorzüglichsten Stände eines sonst auf so sollte den Grundsätzen gegründeten Staats, daß Priester, Vestalinnen und Magistratspersonen mit solcher Begierde hinzulaufen konnten, um sich Menschen einander würgen zu sehen! Eine rednerische Schilderung hinterließ uns der Dichter

vielfältig und findet sie häufig in den Luxforminen Siberiens und China's, selten aber in Europa. Nero trieb die Verschwendung noch höher und ließ gesotdenen Zimmer unter das Baugrün formen.

der Aurelius Prudens, welcher unter der Regierung Theodosius des Großen lebte; von dem Mädchen, den er beym Anblick sterbender Mädchen empfand, die mit dem Winke eines Fingers über das Leben eines unglücklichen Fechters entschieden.

. . . . Pectusque jacentis
Virgo modesta jubet converso pollice rumpi:
Ne lateat pars ulla animae vitalibus imis,
Altius impresso dum palpitat ense secutor.

— — — Die Brust des liegenden Streiters
Mit der Hand ihr zu öffnen, winkt das sonst schöne
treue Mädchen,
Damit nicht ein Funke des Lebens im elenden Theil
zu verweile.
Zuckung des Todes ereilst beym tieferen Dolchstich
— den Kämpfer.

Von den Naumachien.

Dieses Kriegsspiel der Römer foderte unter allen die größesten und kostbarsten Zubereitungen, auch war sein Ausgang immer der traurigste.

Es bestand, wie man weiß, in einer Art Seegefechte, wurde in einem weiten, mit Wasser angefüllten Amphitheater durch Galeeren gegeben, die man nach ihrer verschiedenen

dener streitenden Völkerschaften ausrüstete. Claudius und Domitian gaben die prachtvollsten Naumachien, und, glaubt man der Uebereinstimmung der Geschichtschreiber, so kostete jedes derselben mehrere tausend Menschen das Leben.

Allem Vermuthen nach kannte sie die Republik noch nicht; erst unter den Kaisern wurden sie Gewohnheit. Cäsar gab die ersten, und das römische Volk, dem sie außnehmend gefielen, ergab sich ihnen bis zur Ausschweifung. Ein Geschichtschreiber versichert, dieser Imperator habe einst ein solches Schauspiel gegeben, bey welchem der Zufluß der Menge so groß gewesen, daß unzählige Menschen, sogar zween Senatoren, erdrückt worden seyen. *)

Im großen Circus wurden die ersten Seegefechte gegeben, seine Lage zwischen den Bergen Aventin und Coelius, die Nähe der Tiber, machten die Einleitung des Wassers leicht, und eine ausdrücklich hiezu gefertigte Wasserleitung brachte den Fluß dahin. Allein das Uebermaaß der Spiele aller Art, die im Circus gehalten wurden, die ununterbrochene Folge derselben, zwang die Kaiser, einen eigenen Platz zur Naumachie zu bestimmen. Domitian ließ ein

räch-

*) Ad quam omnia spectacula tantus undique confluxit hominum, ut plerique advenae duo inter vicos oberarunt posita manerent, ac saepe prae turba elisi, exanimatique sint quamplurimi et in his duo Senatores. Tranquill. in Caes. c. XXXIX.

prächtiges Amphitheater hiezu im Marsfeld am Gestade der
Tiber errichten. Eine Medaille, die damals geprägt wor-
de, bebildert uns dessen, und giebt uns, ab sie schon, wie
die meisten ehmaligen Medaillen, sehr unvollkommen ist,
dennoch von der Gestalt des Gebäudes so ziemliche Begriffe.
Eben diese Medaille, und außer ihr verschiedene zu Herkulanum gefundene Gemälde erhellen uns aber auch insbesondere merkwürdige Aufschlüsse über die Bauart der Schiffe
jener Zeiten, der Biremen, Triremen und Quadriremen der
Alten.

Dio hat uns einige Gemälde von solchen Festen des
Domitian hinterlassen, die in diesem neuen Gebäude gegeben worden sind. Sie dauerten mehrere Tage ununterbro-
chen fort, und eines unter andern, war gleich traurig für
die Zuschauer und für die Kämpfer. Während, daß die
Galeeren im Streit befangen waren, entstand ein Regen,
welchem ein schrecklicher Sturm folgte. „Der Kaiser,"
sagt Dio, „welcher nicht erlauben wollte, daß jemand aus
„dem Schauspiel entwiche, um sich vor dem Sturme zu si-
„chern, ungeachtet er selbst öfters den Mantel änderte,
„verursachte dadurch mehreren Männern Krankheiten und
„Tod. Um indeß das Volk wieder zu besänftigen, gab er
„unverzüglich ein großes Nacht-Gelage." *)

Alle

*) Tum enim novo quodam loco, hello morah futa, In eo
eos folum emae, qua pugnaturire morem fuit, fed eo em
meiu

Wie andere solche barbarische Feste oder Mordspiel an Pracht und Grausamkeit der Kampfspiele, welche auch Claudius dort gab. Sie ward nicht zu Rom, sondern im Lande nach Neapel, auf dem See Fucino, nahe an der Quelle des Flusses Pycis oder Garighano gegeben, welcher bey Gaeta ins Meer fällt. Man hatte diesen Ort aus dem Grunde gewählt, weil seine Lage und fast cirkelförmige Gestalt, von Bergen umgeben, beynahe vollkommen einem natürlichen Amphitheater glich, woselbst man einer ungeheuren Menge von Zuschauern Plätze anweisen konnte.

Der See lag im Lande der Marser, einem Theile Latiens, zwey und sechzig Meilen Ostwärts von Rom. Er war, und ist noch von sehr großem Umfange, er hält dreyßig Meilen im Umkreis, seine heutige Benennung ist Celano in Abbruzzo ulterior. Sonst nannte man ihn auch Lacus Fucillarius, ein Name, den er von der mühsamen Ableitung seiner überflüßigen Wasser durch die Gebürge, in den benachbarten Fluß Lyris, erhielt. *)

Die

simul ex spectatoribus, propterea quod maxima imbre et tonitruum tempestas repente commota, nominem permisit sine et spectaculo, et quamquam ipse penultum superret, tamen acceros ad mutare passus est: quo ex re non paucis in graves morbos inciderunt, et mersi sunt. Quintz, ut consolaretur populum, eidem nocturnum epulum dedit. Dio et Domus.

*) In Fabrettis römischer Ausgabe von 1699 findet man eine Abbildung und eine genaue Beschreibung dieses Sees und der mithin

Die Gladiatoren waren in zwo Partheyen getheilt, die eine stellte die Sicilianische, die andere die Rhodische Flotte vor. Zwölf Galeeren stark war jede Parthey. Verbrecher, zum Tode verdammt, beflogen die Schiffe, in der Mitte des Sees stand eine Maschine, auf ihr gab ein Triton mit silbernem Muschelhorn das Zeichen zum Angriff. *)

Sobald die Kämpfer den Kaiser erblickten, riefen sie: „Ave Imperator morituri te salutant! „Willkommen und, Kaiser! sterbend grüßen wir dich!„ Claudius antwortete: „Avete vos! „lebt wohl!„ Die Unglücklichen hielten dieß für ein Zeichen der Kaiserlichen Gnade, und wollten nun nicht kämpfen. Dieß brachte den Kaiser in Wuth, und er schwur, sie sämmtlich durch Feuer und Schwerd tödten zu lassen. Jetzt waren sie gezwungen zu streiten, und sie stritten mit Verzweiflung.

Das Resultat einer genauen Erwägung über die verschiedenen Arten der römischen Schauspiele ist endlich dieses: sie waren, wenn wir einige wenige ausnehmen, beklagende unzweifelhafte

mühsamen Arbeiten der Römer, die Berge bei nach Rom zu durchgraben.

*) Hoc spectarulo, cujus Sicula et Rhodia concurrerunt duodenarum Triremium, singulae, erzeugt duccum Triton argentea, qui a medio Lacu per machinam exsurgebat. Tacq. in Claud. c. XXI.

Rosen. u. Sigil. III. 21. &

würdige Gebäuden, der Thorheit und Undankung des menschlichen Geistes; wir verlassen sie also und eilen zu würdigern Gegenständen wahrer Größe der Alten, zu wichtigern Denkmählern der Kunst über.

Die Kunst selbst zog aus solchen Gelegenheiten, sich zu verewigen. Einer so ausschweifenden Leidenschaft mußte geschmeichelt werden, und Steine, Ringe, Münzen, erhielten das Bildniß irgend eines berühmten Schauspielers, eines Kämpfers von Ruf, eines geschickten Tänzers, einer bizarren Theatermaske, so wie der berühmtesten Helden und Götter. [*]

Ein Stein, den die Alten Lapis Obsidianus nannten, diente vorzüglich zu solchem Gebrauch, und man hat noch verschiedene kostbare Stücke übrig behalten. [**]

Auch

---

[*] Ein Werk mit dem Titel delle Maschere Sceniche, degli Antichi Teatral, zu Rom im Jahr 1736, unter dem Namen Frontespicio Teatrale gedacht, welches aber eigentlich einen sehr großen Alterthumsforscher, den Jesuiten Contucci zum Verfasser hat, liefert nicht nur sehr schöne Kupferstiche von dieser Art Gemmen, sondern auch eine lesenswürdige Beschreibung derselben.

[**] Dieser Stein ist schwarz und glänzend und erhielt seinen Namen von einem gewissen Obsius Ruber, welcher ihn zuerst fand. Plin spricht von diesem Lapis Obsidianus, dessen sich die Alten nicht allein zu Gemmen, sondern auch zu Spiegeln bedienten

Auch in Bronze werden solche Bildnisse der Nachwelt aufbewahret, und man zeigt in Italien noch die seltensten Figuren von dieser Gattung.

Zu Rom wurde im Jahr 1727. eine bronzene Antike gefunden und im Museum des Marquis Cappoti aufbewahret, welche aus dem Grunde eine vorzügliche Aufmerksamkeit verdient, weil sie vollkommene Figur eines Polichinel enthält, zween Höcker hat und nur in Ansehung der Kleidung etwas von dem heutigen Polichinel unterschieden ist.

Man hat sich viele Mühe gegeben, den Ursprung dieser Possenrolle aufzufinden, und man hat auch gefunden, daß sie am ersten auf der Bühne von Atella, einer Stadt der Osker, zwischen Neapel und Capua, erschienen, welche bereits vor der Erbauung Roms gegründet war. Der Pinsel des Malers trug nicht minder zur Verewigung des Schauspielers, des Kunstreuters, des Kämpfers bey.

Aufer

benennen. Vermuthlich weil er wegen seiner Härte die stärkste Politur anzunehmen fähig war, und wegen seiner schwarzen Farbe den Gegenstand leicht zurückwarf. In genere Vitri, sagt Plin, et Obsidiana numerantur, ad similitudinem lapidis, quem in Aethiopia invenit Obsidius, nigerrimi coloris aliquando et translucidi, crassiore visu atque in speculis parietum pro imagine umbras reddente, gemmas multi ex eo faciunt, Plin. 36.

Außer den oben bereits angezeigten Theaterstücken finden sich noch viele Gemälde unter der Herkulanischen Sammlung, welche auf einzelne Gegenstände der Bühne Bezug haben und uns die Erklärung mancher Umstände erleichtern, der uns außerdem dunkel bleiben würde. Unter der Zahl der Musen, die man daselbst fand, zeichnet sich vorzüglich die Muse des Trauerspiels und die Muse des Lustspiels aus. Beyde Stücke sind ungefähr Fuß hoch, die Namen Melpomene Tragödia und Thalea Comödia liest man griechisch zu ihren Füßen. Unter ihren verschiedenen Attributen verdient hauptsächlich die Abweichung der Masken eine genauere Bemerkung. Die Maske der Komödie hat geöffnete Lippen und gröbere Züge, die der Tragödie zeigt mehr Adel, obschon nicht minder durch hohe Frisur entstellt. Langes Haar scheint überhaupt, nach andern Gemälden zu urtheilen, ein Eigenthum des Trauerspiels gewesen zu seyn.

Noch ein besonderes Attribut des Lustspiels ist der krumme Stab, den die Muse in der Rechten hält, und welcher auf vielen geschnittenen Steinen und andern Monumenten gefunden wird. Die Alten nannten ihn Pedum, und er scheint seinen Ursprung vom Hirtengedichte, wenn nicht seltenem Vorwurf der Komödie, zu haben.

Das Trauerspiel hingegen, beschäftigt mit den Thaten des Heldenmuths, führt sich auf die Keule, jene den Zeiten des Heroismus eigene Waffe.

Dieß

Diese beyden einzelnen Figuren sind auf hellem Grund
gemalt, und das Trauerspiel ist mit einem langen dunkel-
blauen Rock, und mit einer hellrothen Tunika bekleidet.
Das Gewand des Lustspiels ist grün und mit rother Franze
eingefaßt, was aber ein auf ihrem Rock genähtes, kleines,
würfelförmiges Purpurstückchen bedeuten solle, das ist schwer
zu entscheiden, und es ist kein Grund vorhanden, solches für
dasjenige zu halten, was bey dem römischen Senat und
Adel der Clavus war.

Endlich werden berühmte Schauspieler auch durch
Grabschriften verewigt, wovon unter andern ein gewisser
Cajus incundus ein Beyspiel giebt. Sein Spiel und Tanz
hatten den Kaisern Galba, Otto und Vitellius manchen
frohen Tag gemacht, sie schätzten ihn hoch, und seinem Andenken ward ein Monument gewidmet, dessen Inschrift von
folgendem sonderbarem Inhalt ist:

Pro jocis, quib. cunctos
oblectabat.
Si quid oblectamenti apud
vos est.
Manes insontes reficite
animulam.

Und war es nicht billig, die Manen um Freuden für
die Seele eines Mannes zu bitten, dessen ganzes Geschäfte
war, Freude zu schaffen?

Kap.

Alterthümer der ehemaligen Stadt Pompeji, welche zu gleicher Zeit und durch den nämlichen Unfall ein Raub der Zerstörung wurde, der Herkulanum im Jahr 79. unter den Aschen Vesuvs begrub.

Wir wollen mit unsern Lesern einen Augenblick bey dem Haupteingang von Pompeji werfen, ehe wir mit ihnen ins Innere dieser Stadt eintreten. Sein Ansehen und seine Kleinheit kündigt fürwahr keine von jenen beträchtlichen Städten des Alterthums an. Die beygefügte Kupferplatte zeigt ihn nach der Natur. Er besteht aus Bruchstücken von Säulen, von denen man in dasiger Gegend noch hier und da ziemlich beträchtliche Theile und sehr artige Kapitäler von jonischer Ordnung gefunden hat, die ohne Zweifel ehemals Gebäuden zur Stütze gedient hatten.

Die

Das Thor von Pompeii

Die zu beyden Seiten befindliche Arkaden und Portikusse bilden, wie man sieht, die Eingänge zu den Fußwegen, welche längs der Hauptstraße hinliefen.

In vielen moderneren Städten Italiens und anderer Länder findet man eben solche Fußwege, nur sind sie hier ganz besonders enge, und nur drey Fuß breit. Sie entsprechen auf diese Art vollkommen der Breite der Hauptstraße selbst, denn auch diese ist nicht breiter als zehen bis zwölf Fuß, ob sie schon in einer Länge von funfzig bis sechzig Klaftern hinläuft.

Deutlich und tief zeigen sich noch die Geleise der Fuhrwerke und Wagen in dem alten Boden der Straße eingedrückt, und man kann daraus abnehmen, daß ihre Räder vier Fuß breit von einander abstanden. Nahe bey dem Eingang ragt ein vierecktes Fußgestell hervor, welches nach allen noch vorhandenen Merkmahlen, ehmals eine Säule von ansehnlicher Größe getragen haben muß, und dieß war vielleicht ein Grabmahl gewesen. Denn mehrere andere ähnliche Monumente, und die Umschriften des Fußgestelles selbst rechtfertigen diesen Schluß, den die Gewohnheit der Alten, ihre Grabmähler an solchen Plätzen anzubringen, noch mehr Gewicht giebt. Die Landstraßen in den Gegenden der Stadt Rom zeigen noch viele solche Denkmähler dem Blicke des Reisenden.

Eben

Eben daselbst, noch näher an der Pforte, fand man
auch ens hattrunde, große Ruhbänke, von einer Länge von
zwanzig Fußen. Nur die eine davon hat ganz erhalten werden können und auf dieser steht man folgende Inschrift:

MAMMIAE. P. F. Sacerdoti publicae
Locus Sepulturae,
Datus Decreto Decurionum.

Man hat alle Ursache, zu vermuthen, daß das Geschlecht dieser Priesterinn zu Pompeji in vorzüglicher Achtung
gestanden haben müßte, weil ihr Begräbniß der Gegenstand
eines Dekrets der Decurionen war. Das Grab selbst befand sich übrigens nahe bey denselben berühmten beyden Rad-
Herbsälen.

Im Verfolg der Hauptstraße erkennt man ohngeachtet
des Schadens, den Zeit und Erdbeben an den Gebäuden
verursacht haben, noch ganz deutlich die Gestalten verschiedener Kramläden. Eine von diesen Buden mag, nach dem
dabey angebrachten Geländer zu urtheilen, einem Wechßler
zugehört haben, der mit abgezogenen Waßren handelte,
und das Geländer selbst hat wohl zum Ausstellen der Gefäße gedient; unten befindet sich eine Art marmorner Röhre
und Aushöhlung, deren Gebrauch sich nicht wohl errathen
läßt.

In der nämlichen Straße und ebenfalls nicht weit vom
Stadtthor entfernt, sieht man einen sonderbaren Schild,
den

der heut zu Tage eine öffentliche Straße sehr auffallend aus=
zeichnen würde. Der Zufall hat ihn vollkommen ganz er=
halten, er ist nichts anders, als ein Schalter oder Peber,
in einen [...] Pfeiler eines Hauses eingehauen, und
acht bis zehen Fuß hoch. War vielleicht dieses das Zeichen
derjenigen Häuser, die der Venus eigen waren und Venezia
hießen? Eine merkwürdige Inschrift, die man zu Pompeji
gefunden hat, leitet nicht ohne Grund auf diesen Gedanken,
hier ist sie.

In praed I e Juliae Sp. F. felicis

Locantur . .

Balneum venerium et nonagentum Tabernas

Pergulae,

Caenacula. Ex idibus Aug. primis. in. idus. Aug.

sextas.

Annos continuos quinque.

S. Q. D. L. E. N. C.

A. Suettium. verum. aed.

Die Anfangsbuchstaben der achten Zeile können also
gelesen werden. Si quis dominam loci ejus non cognoverit,
adeat Suettium verum Aedilem.

Dieß ist Winkelmanns Meynung, welcher diese Auf=
schrift erwähnt. *)

X 3   Pergu-

---

*) In Winkelmanns Sendschreiben von den Herkulanischen Ent=
deckungen. S. 41. findet sich diese Inschrift angeführt, und er
sagt

ten, die von den Sitten unserer Zeit so sehr verschieden sind, daß man sich kaum eine Vorstellung davon zu machen fähig ist. Ließe sich nicht auch denken, daß diese Novelle ein Magazin, oder eine Fabrik von solchen Bildern war, die wir in unsern Tagen für unschicklich halten; und die die

Dornen

Herr Hirt, Gelehrter in Rom, sagt im 3. Heft der Zeitschrift, Italien und Deutschland betitelt, die er zugleich mit Hrn Mayn herausgiebt, über diesen Gegenstand: „Das Haus mit dem Zeichen eines unförmlichen Priaps in Pompeji scheint nach seiner Distribution eher eine Schenke, als ein Bordell gewesen zu seyn. So waren wahrscheinlich die Gebäude an der großen Straße hier als auch eine Art Schenken, wo man zugleich ausschenkte und warme Getränke zubereitete. Sie haben alle eine ähnliche Bauart und Einrichtung; viele sind sehr zierlich mit Marmor verziert. In diesen Gebäuden fand man nichts, als das nöthigste Geräthschaften, aber alles sehr nett und in den besten Formen gearbeitet, als: Lampen, Leuchter, Küchengeschirre, Waffen, Gewichte, Gefässe, alle Arten Gefässe von Erde, Bronze und Glas, klein und groß, mit vielen Fragmenten von Glasscheiben; kleine Idole, Weiberschmuck von Gold und Silber, Spiegel, Tabletten mit Wachs überzogen zum Schreiben; chirurgische und Musikinstrumente; Farben aller Art; Waagen in Kupfer, Gold und Silber; Spielmarken für Kinder in Bein, Würfel, Löffeln, Zahnstocher, Schreibstift, Schreibtäfelchen — Elmanara, Getreide, Früchte von mehreren Arten. Größere Statuen und Büsten finden sich in denselben nicht; auch sind die besten Gemälde nicht daher, sondern aus Herkulanum. Die Geräthe von Holz sind theils von der glühenden Asche in Kohlen geworden, theils verfault; das Eisenwerk ist durch den Rost zerfressen. Da der Aufsatz dieses Ge-

lehrten

Damen jener Zeit, ohne Bedenken, durch goldene oder silberne Ringe bevestigt, an ihren Hälse zu tragen pflegten.
Die zwanglose Leichtgläubigkeit jener Zeitalters, legte ihnen
sogar etwas Religiöses, Hochachtungswerthes bey.

Der

lehrten erst am Octbr. 1780 ist, folglich alles in seiner jetzigen
Beschaffenheit darstellt, und dieses vortreffliche Journal noch
immer nicht so einige Vortheile und in den Händen Kunstliebender
Leser sich befindet, wie es verdiente; so werde ich gewissen seine
Bemerkungen über einen und den andern Punkt hier beyfügen.
Hier nur noch einige Beobachtungen von ihm. In Portici-
nen, wo die besten Sachen gefunden werden, gräbt man gar
nicht mehr, theils weil es zu schwer und kostbar ist, den Lufft-
stein durchzubrechen, theils weil man befürchtet, daß das darüber stehende Theater von Resina und Portici einstürzen möchten. Alle allda entdeckten Gebäude sind wieder verschüttet worden, das einzige Theater ausgenommen. Auf Stabia wird jetzt
auch nicht gedacht. In Pompeja setzt man das Graben mit
zwanzig bis dreyßig Mann sehr langsam fort. Seit zwey bis
drey Jahren her ist nichts merkwürdiges entdeckt worden. Die
ausgegrabenen Gebäude bleiben jetzt stehen, wie sie sind. Nur
einige Zimmer, wo man die Gemählde noch nicht ausgeschnitten
hat, werden mit einem leichten Strich nach gedeckert. Uebrigens
versichert Herr Hart, daß der Unfug, welchen man Anfangs be-
gieng, die ausgegrabenen und von ihren Geräthschaften und
Gemählden entblößten Gebäude wieder zu verschütten, jetzt un-
tersagt sey, und alles stehen bleiben müsse, wie es entdeckt wird.
Inzwischen dauert das Verbot, zu zeichnen und sich auf der Stelle zu setzen, noch immer fort, die Führer wollen selten von
der Menge von Gegenständen schon Bescheid zu geben, und
der Drang von Ihren erzeuge oft bey den Fremden eine Ver-

wir

Der Tempel der Isis in seinem jetzigen Zustande.

Dieser Tempel ist ohne allen Zweifel die merkwürdigste von den zu Pompeji gefundenen Ruinen.

Die Säulen des Umfangs sind vollkommen ganz erhalten worden; die Hälfte der an dem Peristil befindlichen, ist nebst den Kapitälern und dem Fronton zerbrochen. Der Tem-

merung des Ganzen, der ihn umbefriedigt daran gehen ließe. — Ich bedaure zwar mit Herrn Hrn. die Zartheuer dieses Vorfalls, und die Unwissenheit der zum Zeigen dieser Seltenheiten aufgestellten Führer, aber ich kann doch der Neapolitanischen Regierung nicht ganz verdenken, weil vorans zu sehen ist, daß andern jeder fremde Mißbrauch von den Gelehrten machen und vielleicht manche unächte Nachricht aufgezeichnet werden möchte. Vorausgesetzt also, daß — wie Hr. Hrn. versichert — der königl. Baumeister und Vorsteher des Musäums zu Portici, Herr la Vega, ein würdiger Mann, sich nebst seinem Bruder beschäftige, die Risse von allen bisher entdeckten Gebäuden zu machen, und in der Beschreibung alle die Sachen individuell anzuzeigen, welche sich in jedem Ort befinden, und wo dieselben jetzt im Museo zu sehen sind; so hat man die Veranstaltung dieser Merkwürdigkeiten um so weniger zu tadeln; es gegründeter der Gelehrte und Kunstliebhaber die Hoffnung schöpfen darf, hierüber dereinst mit einemmal in einem vortrefflichen Werke hinlängliche Aufschlüsse zu erhalten. Vorgefundene Bemerkungen der ehemaligen Aufseher über das Musäum, sollen Herrn la Vega in den Stand setzen, über das Ganze mit Zuversicht zu arbeiten.

Hr.

Tempel selbst war demnach gänzlich von Ziegeln erbaut und außen mit einer Art sehr dauerhaften Stuck bekleidet, dessen sich überhaupt die Alten häufig bedienten. Der Styl der Bauart ist mehr angenehm, als strenge. Die Ordnungen sind von einer kleinern Proportion, ein Umstand, welcher den Gebäuden immer viel von ihrer Wirkung benimmt, denn es ist einmal unleugbar, daß der größere oder geringere Eindruck, den Architektur auf uns macht, ganz von ihrer Größe und Erhabenheit abhängt.

Die Verehrung der Isis, aus Egypten herbey gebracht, fand als etwas neues, starken Eingang bey den Römern. Wahrscheinlich fieng sie erstlich an, in geheimen Gesellschaften im Stillen ausgeübt zu werden. Man nahm Proselyten an, man initiirte, und jene Ceremonien scheinen viel Aehnliches mit unsern Freymaurereyen gehabt zu haben, in welchem unter den Schatten einer allgemeinen Duldung man sich mit Dingen und Gebräuchen beschäftigt, denen das Geheimnißvolle, worein sie gehüllt sind, eine Art von religiöser Achtung verschafft.

Der Zeitpunkt der Einführung des Götterdienstes der Isis in Griechenland und Italien ist sehr ungewiß. Diodor meldet, Griechenland habe ihn unter Alexander dem Großen erhalten, und Apulejus versichert, es sey zur Zeit des Sylla gewesen, daß ein Kollegium Isiacum zu Rom entstand. Die Ceremonien und die nächtlichen Einweihun-

gen

gen der Anbeter der Isis wurden verdächtig; man verbot sie daher zur Zeit der Kaiser verschiedene Jahrhunderte lang; allein kein Verbot ist fähig, gewisse geheime Verehrungen zu vernichten; es erweckt vielmehr noch größere Anhänglichkeit an das geliebte Geheimniß. Auch bestand ohne Zweifel der Dienst der Isis unter Titus, der den Grundsatz hegte, alle Arten von Gottesdienst zu dulden, und der ihnen eben hierdurch am meisten entgegen wirkte, indem er ihnen günstig schien.

Man hat in dem eben angezeigten Tempel alle nöthigen zum Gottesdienst gehörige Geräthschaften angetroffen; man hat sogar die Gerippe der Priester darinne gefunden, welche mitten in ihrem religiösen Geschäfte vom Aschenregen überfallen und überschüttet worden sind. Es werden noch ihre Kleider, die Asche und Kohlen auf den Altären, die Leuchter, viele Lampen, Cisten, die zu dem Weyhwasser gehörigen Gefäße, die Schaalen, welche zu den Libationen gebraucht wurden, Kessel, um die Eingeweide der Opferthiere aufzubewahren, Lectisternia, oder Polster, auf welche die Göttin Isis gesetzt wurde, wenn man ihr opferte, die Verzierungen des Purificatorium von Stuck, und die überall angebrachten Attribute der Gottheit, gezeigt.

Viele von diesen Gefäßen haben die Gestalt eines Ibis, Hippopotamus, Lotus, und werden dadurch für den Kenner um so wichtiger, weil sie auf den Bildern gefunden werden.

den, wo man von ihnen Gebrauch zu machen pflegte, und
weil die Entdeckung dieser Plätze weder über die Art des Ge-
brauchs, noch über die Wirklichkeit der Sache einigen Zweifel übrig läßt.

An den Mauern des Tempels waren Gemälde angebracht, die auf den Dienst der Isis Bezug hatten, daselbst
fand man auch die Abbildung der Priester in ihrem heiligen
Ornat. Es war von weißer Leinwand, die Köpfe der
Feyernden waren geschoren, ihre Füße mit einem feinen
und leichten Gewebe umhüllt, welches jede Muskel sichtbar
werden ließ.

Man ließ ohne Zweifel in dem Heiligthum dieser fremden Gottheit auch andere Götter Platz finden, denn man
fand daselbst Bildsäulen des Bacchus, der Venus, des
Priaps, theils von Holz und mit marmornen Füßen und Händen; Priap war mit dieser dauerhaften Materie am meisten
bereichert, vorzüglich an dem Gliede, das ihn bezeichnet.

Auf zween Altären, die sich zur Seite der Treppen
befanden, welche zum Heiligthum führten, fand man zwey
Tafeln der Isis, und man brachte sie, so wie alles, was
sich tragen ließ, in das Museum zu Portici. Wie sehr
wäre zu wünschen, daß diese Ueberbleibsel alter Geheimnisse
dort stets von den übrigen Alterthümern abgesondert bleiben
möchten, damit Kenner und Fremde, die den Tempel gesehen haben, auch seine Geräthschaften erkennen möchten.

De

Zeichnung 43: der oberflächliche Abhobelung des fermentierten Landkaffees von ... Eng...

Da wir uns eben im Innern des Heiligthums befinden, so werden unsere Leser gerne mit uns einige Blicke ins
geheimnißvolle Dunkel jener Verehrung werfen, so weit dieß
nämlich ɟpɥɐbɐɯ nach verflossenen Jahrtausenden den
gönnt ist.

Es war der ausgebreitetste, der berühmteste Gottesdienst des Alterthums; aber alles, was wir davon wissen,
ist, daß eine außerordentlich unbescholtene Reinheit, eine
unverwerfliche Regelmäßigkeit der Sitten, denjenigen auszeichnen mußte, der es wagen konnte, um die Einweihung
zu bitten. Dieß sagt uns Plutarch in seinem hierüber
besonders vorhandenen Traktat, *de Iside et Osiride*. Dieß
versichern uns mehrere Schriftsteller des Alterthums, vorzüglich aber Apulejus in seinen Metamorphosen; er, der
nach seiner Erzählung selbst verschiedenermale in jene Geheimnisse initiirt war. Das wahrste Resultat von allem, was
darüber gesagt wurde, ist, daß dieser Gottesdienst, welcher sich von Egypten aus durch ganz Italien verbreitete,
keine andere Gottheit zum Gegenstand hatte, als das höchste Wesen selbst, und daß alle jene Namen, Isis, Osiris,
Apis und Serapis, nur Symbole und Einkleidungen auf
die Verehrung des wahren Gottes waren. Nichts ist gewiß
fähig, eine größere, eine erhabnere Idee von jenem Got-
tesdienste zu geben, als die Ueberschrift des Tempels zu
Says in Egypten, deren Plutarch erwähnt; sie lautet nach
seiner Erzählung folgendermaßen:

Prag. u. Gphl. III. Th.   £   Say

Ἐγώ εἰμι πᾶν τὸ γεγονὸς καὶ ἐσόμενον, καὶ τὸ ἐμὸν
πέπλον οὐδείς πω θνητὸς ἀπεκάλυψεν.

„Ich bin alles, was ist, war, seyn wird, und kein
Sterblicher hat jemals mein Wesen enthüllt."

Eine andre Inschrift wurde zu Capua gefunden, und
sie bestärkt uns in der vorigen Idee, denn sie giebt der Isis
Unermeßlichkeit und Allgegenwart:

TE TIBI VNA QVAE
ES OMNIA DEA ISIS.

Gruter. p. LXXXII.

Verschiedene Stufen der Vollkommenheit fanden bey der
Verehrung der Göttin Statt, und der höchste Grad entschloß erst dem Eingeweihten die Isischen Geheimnisse.
Nur Würdige nach allen Prüfungen, erreichten ihn. Gewöhnliche Anbetungen wurden in jenen öffentlichen Tempeln
gefeyert, von denen der zu Pompeji das einzige schätzbare
Ueberbleibsel ist.

Der Tempel bildete ein länglichtes Viereck von jener
Art, die man für die älteste hält und Hypäthron nannte,
weil jene Gebäude oben offen und unbedeckt sub aethere waren. Eine bedeckte und von Säulen getragene Galerie lief
rings um dieses Viereck; sie hatte die Absicht, vor der
Witterung zu schützen, und in der Mitte erhob sich ein klei-

net

ner Tempel, zu welchem Stufen führten und der das Sanctuarium gewesen seyn muß. Im Hintergrunde war derjenige Ort befindlich gewesen, wo sich die Eingeweihten versammleten, und Seitwärts sieht man eine aus der Zelle, in welcher die drey Statuen der Venus, des Bacchus und des Priap vereinigt in einer Nische, die Symbole der ganzen Isischen Lehre in sich schloßen.

Plutarch erzählt uns manches von den strengen Proben, denen man sich unterwerfen mußte, um zum Eingang in diese heiligen Mysterien würdig erachtet zu werden. Alles, bis auf die Kleidung der Priester, zeugte von der größten Reinheit. Sie hüteten sich sehr, irgend etwas von Wolle zu tragen, Thiere hatten es hervorgebracht, und es war ihnen unrein.

Der Haupteingang dieses Tempels war gegen die Strasse von Pompeji gerichtet und zu seinen beyden Seiten sah man zween kleine Altäre vor Bildern errichtet, welche die Göttin in halb erhabner Arbeit darstellten.

Der Hauptaltar, auf welchem geopfert wurde, ist drey Fuß sechs Zoll hoch, und auf diesem fand man noch Asche und zerbrochene halbverbrannte Beine. [*)]

Die

[*)] Einige Gelehrten wollen behaupten, die Opfer der alten Egypter hätten nicht aus Thieren, nur aus Früchten der Erde be-

Die Hauptpforte des innern Heiligthums öffnete sich in zween Flügeln, wovon der eine halbe sich über zwei Gewinde von Erz schlug. Diese Gewinde find im Mittern zu Portici und man sieht an ihnen die Stellen, wo die Angeln giengen, und die Löcher, worin die Theile schlossen. Ueber dieser Pforte las man folgende Inschrift:

N. POPIDIVS. N. F. CELCINVS
AEDEM ISIDIS TERRAE MOTV CONLAPSAM
A FONDAMENTO P. SVA RESTITVIT.
HVNC DECVRIONES OB LIBERALITATEM
CVM ESSET ANNORVM SEXS. ORDINI SVO
GRATIS ADLEGERVNT. *)

Diese merkwürdige Inschrift läßt keinen Zweifel übrig, daß diese auf unterirdischen Feuern liegende Landschaft schon zuvor

standen, diese Entdeckung widerlegt fie; aber man möchte annehmen, daß der Gottesdienst der Isis in Italien ausgeartet wäre, welches auch gar wohl möglich seyn könnte. Daß aber genug würklich Ueberbleibsel solchen Opfer auf jenem Altare gefunden worden find, bestätigt die Beschreibung Hamiltons davon: „On the great one, near the sacred well, the burnt bones of the victims were found, some of which still remain there."

*) Numius Popidius, Sohn des Numius Celsinus, hat diesen Tempel der Isis, den ein Erdbeben zerstört hatte, auf seine eigene Kosten wieder erbaut, und ist dafür von den Decurionen, ohngeachtet seines sechzehnjährigen Alters, unentgeldlich in ihre Zahl aufge-

ganze öfter die Würkungen vulkanischer Ausbrüche gefühlt
haben müsse; wenn auch des aus Lava bestehende ältere
Pflaster nicht Zeugnisses genug hievon wäre.

Vielleicht war das Erdbeben, wovon diese Aufschrift
Meldung thut, eben dasselbe, dessen Seneca und Strabo

I 2

aufgenommen worden. Die Thüren der Alten waren übrigens
nicht in Hafen gehängt, sondern sie bewegten sich unten an
der Schwelle und oben in dem Balken, und dieses vermittelst
dessen, was wir Thürangeln (Cardines) nennen, aber diese
Begriff; es findet sich auch in keiner neuen Sprache ein besonders, bezeichnetes Wort hiezu. Derjenige Balken der benachbarten Thüre, welcher an der Mauer steht, war unten und oben
in eine Kapsel von Erz gesetzt, die inwendig einen hölzern
Vorsprung hatte, um zu verhindern, daß sich das Holz in derselben nicht drehen könne. Diese Kapsel ist gewöhnlich ein Cy-
linder; es finden sich aber auch vertiefte, welche auf allen
Seiten einen vorspringenden Platz haben, um den Brettern, aus
welchen starke Thüren zusammen gesetzt waren, auf allen Seiten zu befestigen, welche Thüren inwendig hohl waren. Diese
Kapsel stand auf einer dicken Platte von Erz, welche selbförmig
zugieng und oben und unten mit Blei eingegossen war, und
auf derselbe lief die Kapsel dergestalt, daß, wenn dieselbe unten
eine hohle Kugel hatte, in der Platte eine hohle Vertiefung
war, in welche das convere Theil lief, und wenn die Kapsel
unten offen war, so hatte die Platte eine erhabene Halbkugel,
die genau in die Oefnung der Kapsel paßte. Diese Kapsel nebst
der Platte heißt Cardo. Es finden sich im Musæo einige von
einem Palme im Durchmesser, welche von der Größe der Thüren zeugen, und sie wiegen 20, 30—40 Pfund. Durch diesen Begriff werden manche Stellen der alten Scribenten deutli-
cher

erwähnten, und welches, wie bereits gesagt worden ist, die meisten Gebäude Herkulanums und Pompeji erschütterte und zerstörte, die bestürzten Einwohner zur Flucht zwang, indem es ihnen den schrecklichsten Untergang drohte.

Auch giebt uns dieses Monument eine andere Aufklärung in der Geschichte des Alterthums, es sagt uns nämlich, daß die Würde der Decurionen nicht umsonst erlangt wurde, sondern daß dieses Kosten verursachte, und daß man nicht mehr aufgenommen werden konnte, so bald man ein gewisses Alter erreicht hatte, wenn nicht besondere Ursachen oder Verdienste und Ausnahme erforderten.

Man fand noch eine andere Inschrift im Tempel auf dem Fußboden eines vorzüglich schönen Platzes von Mosaik eingelegt, sie ist folgenden Inhalts:

N. POPIDI CELSINI
N. POPIDI AMPLIATI
CORNELIA CELSA.

Erst

der werden, daß es nicht seyn können in einer irrigen oder dunkeln Vorstellung von diesem Theile der Thüren. Wenn die Thüren der Alten mit zween Schlägen (bivalvae) waren, so hieng entweder jeder Schlag besonders auf beschriebene Weise in Angeln, oder sie drehten sich mit auf einer Grube, und der Thüre konnte zusammen geschlagen werden. Diese gebrochenen Thüren legten sich, vermittelst einer Art von Haken von Erz, der den Gerinde innerhalb des Holzes oder Schieber lag! die beyden sich zulaufenden Stäbe dieser Angeln oder waren nicht zu sehen und auf beyden Enden von der gedoppelten Thüre befindet. Winkelmanns Sendschr. von den Herk. Entdeckungen.

Sehr wahrscheinlich bedeutet sie nichts anders, als daß eine gewisse Cruella Celsa den Tempel mit diesem prächtigen Fußboden auf ihre Kosten hatte zieren lassen; was aber die beyden Namen N. Populi Calsini und N. Populi Appulani anzeigen sollen, ist schwer zu bestimmen.

Einige haben geglaubt, Celsa sey eine Nonne oder Eingeweihte der Isis, und der eine von den beyden Namen, der desjenigen Priesters, der sie eingeweiht, der andere aber desjenigen, der ihr zum Pathen bey der Einweihung gedient habe; allein andere halten diese Auslegung für zu sehr und glauben, die Inschrift wolle nichts sagen, als daß eine gewisse Celsa, vermöge eines gethanen Gelübdes, diesen Fußboden, unter der Anleitung und Besorgung der Populaste auf ihre Kosten habe fertigen lassen. *)

Das Grippe eines Priesters, welches auf diesem Pflaster gefunden wurde, gab Anlaß zu glauben, es sey für die Priester und für die Eingeweihten vom ersten Grade bestimmt gewesen. Dieses Skelet saß an einer Tafel von Marmor, und war wahrscheinlich in dem nämlichen Augenblick von dem Unfall übereilt worden, da es Fische zu essen

E 4

*) Wahrscheinlich war diese Cornelia Celsa die Gemahlin, Tochter, oder eine sonstige Anverwandte des Popilius Celsus, des Wiedererbauers jenes Tempels; der Name Celsa berechtigt zu diesem Schlusse.

M.

essen im Begriff gewesen, denn man fand bei den Ausgrabungen die verstreuten Glieder, fand auch Gefäße, die zu dieser Art Speise gebraucht wurden. *)

Die Bildsäule der Isis, welche von weißem Marmor in diesem ihrem Heiligthum gefunden wurde und auf einem viereckigten Fußgestell stand, ist äußerst schön und zierlich.

Eben so zierlich zeigt sich der große Altar, auf welchem geopfert wurde, und die lectisternia der Götter. Es ist bekannt, daß diese Betten von Polstern waren, auf welche man die Gottheiten zu setzen pflegte, wenn man sie erzürnt glaubte; dann bereitete man ihnen auch große Mahlzeiten, welche Epula genannt wurden, so wie die Priester, die die sen Gelagen vorstanden, Epulones hießen. Dieses Amt war um so wichtiger in den Augen des Volks, weil man nur in den betagtesten Angelegenheiten, und wenn man große Unglücksfälle vom Zorn der Götter befürchtete, zu solchen sonderbaren Beruhigungsmitteln seine Zuflucht nahm. Außerdem fand man auch noch mancherley Arten von Werkzeugen, Bruchstücke von Säulen, die das Sanctuarium gezieret hatten, Massen von gebrannter Erde, wel

che

---

*) Plutarch erzählt uns, die Priester der Isis hätten ein hartes Gelübde gehabt, und nur Fische essen dürfen. Auch findet man in den Metamorphosen des Apulejus Lib. XI. verschiedenes über diese Verehrung.

die zugleich zur Zierde und zum Auffangen des Regenwassers dienten, und folglich Arten von Dachrinnen waren. Der natürlich war die Bedeckung der Galerie mit solchen Maßen besetzt; sie hatten sämmtlich weit ausgesperrte Mäuler, wodurch das Wasser herabrann. Rauchpfannen, Acerrae oder Thuribulae genannt, hatten zum Verbrennen der Wohlgerüche gedient, sie bestanden aus Eisenblech, und andere solche Gefäße mehr, unter denen sich auch ein Systrum befand. [*]

L 5

Das

*) Herr Hart, dessen schönen Aufsatz über Pamreja ich schon oben angeführt habe, erzählt uns von der Beschaffenheit, worin er diesen Tempel im vorigen Jahre fand, folgendes: „Ein Säulengang umgiebt einen Vorhof um Vorhof, in dessen Mitte sich der Tempel erhebt. An der mitternächtlichen Seite des Säulenganges ist ein größerer Saal, nebst ein paar kleinen Zimmern angebracht, welche wahrscheinlich zum momentanen Aufenthalt der Priester und zur Verwahrung der zum Cultus bestimmten heiligen Geräthe dienten. Doch eine Treppe von vier Stufen steigt man in die Vorhalle des Tempels, welche eine Breite von vier Säulen hat. Die Zelle voran ist gleichfalls sehr klein; sie hat die Breite der Halle, und ist auch nicht allzu tief. Im Innern derselben ist der ganzen Breite nach eine Erhöhung, wie zu einem Altar erbaut, der von innen hohl ist. Man fand auf eine nicht gar große Statue der Isis, nebst einer mit Hieroglyphen beschriebenen Steintafel. An der einen Seite der Zelle führet eine Nebentreppe gleichfalls in das Innere. Zu beiden Seiten der Vorhalle sind zwey wenig vertiefte Nischen angebracht. Ein Altar, wo man opferte, steht auf dem Plane des Vorhofs zur Seite der Halle. Etwas entfernter sieht man

Das sogenannte Landhaus zu Pompeii.

Dieses kleine Gebäude erhielt bey der Entdeckung seinen Namen daher, weil es außerhalb den Mauern der Stadt liegt. Eine Meile von Torre del' Annonziata verläßt man die Straße von Salerno und wendet sich zur rechten, um zu den Ruinen von Pompeii zu gelangen, welches ohngefähr zwo bis drey Meilen vom Vesuv entfernt ist. Der erste Gegenstand, dessen man gewahr wird, ist dieses Landhaus; allein man entdeckt es nicht eher, als bis man

man eine kleine Kapelle; im Innern derselben führt eine Treppe in ein enges Souterrain, man glaubt, sie habe zu Inhereationen gedient.

Das Ganze ist klein und mit wenigem Aufwande gemacht. Die Mauern und selbst der Säulen sind von Backstein, mit Stuck überzogen und bemalt. Verschiedene Gemälde, welche die Ceremonien dieses geheimen Dienstes vorstellen, und verschiedene Opfergeräthe finden sich jetzt im Museo zu Portici; doch sind noch andere Gemälde in Arabesken und auch einige Geräthe in Stuck an dem Orte selbst zu sehen.

Die Inschrift sagt, daß Pompeianus Ithmus (soll vermuthlich dessen Listhmus) dieses Heiligthum, welches durch ein Erdbeben eingestürzt war, auf eigene Kosten wieder erbauen ließ. Dieser Umstand läßt vermuthen, daß die Geheimnißkrämer der Isis, welche in den Zeiten der römischen Republik, und auch noch unter den ersten Kaisern, so vielen Stößen und widrigen Verordnungen unterworfen war, hier frühzeitig eifrige Anhänger in diesen Gegenden fand. Italien und Deutschland, drittes Stück.

man darinn ist. Gleiche Bewandniß hat es auch mit den übrigen Gebäuden der Stadt, welche unter dem Aschenhaufen verborgen liegt, der man bey der Entdeckung ausgraben mußte. Eben deswegen ist es auch schwer, sich einen wahren Begriff von dem eigentlichen Umfange der Stadt zu machen; zumal da die Häuser durchaus sehr niedrig waren.

Dieses Haus bestand aus zwo Etagen oder Abtheilungen, wovon die eine höher war, als die andere. Ihre achtzehn Säulen bildeten eine bedeckte Galerie, welche rings um den Hof und um sechs andere Säulen lief, deren Bestimmung wahrscheinlich die Unterstützung eines Nes von Porticus war.

Die oberschichten Säulen waren mit glänzendem Stuck bekleidet, und die Fußgestelle schwach und bewerblich mit Arabesken bemalt. Mehrere Säulen zierten die zweyte Abtheilung des Gebäudes, und diese formirten einen zweyten Porticus, jedoch von sehr kleiner Proportion. Überhaupt war dieses Landhaus in allen seinen Theilen so zusammengeschoben, so gezwungt, daß man mit Mühe begreift, warum die Römer so groß, so prachtliebend in ihren öffentlichen Denkmählern, so ängstlich in ihren Privatgebäuden seyn konnten.

Herr Hamilton beschreibt, bey Gelegenheit dieses Landhauses, die Bauart der meisten übrigen Gebäude zu Pompeji folgendermaßen:

„Ein

„Ein Peristylium oder Säulen bedeckt und auf Säulen gestützt, lauft, nach dem Geschmack jenes Zeitalters, um den Hof her. Alle Zimmer, im Ganzen genommen, sind sehr klein, und man fand sogar in einer von den Schlaf kammern die Bäume angebracht, um ein Bettgestell von Ei sen fassen zu können. Dieses kleine Gemach hält kaum sechs Fuß im Viereck und doch war es zierlich bemalt, doch hatte es einen Fußboden mit Mosaik eingelegt."

„Das Gewicht der Vulkanischen Materie hat bey der zu ner schrecklichen Erdproben alle obere Theile der Häuser be schädigt, aber die Grundlagen und untern Theile sind voll kommen erhalten worden, und so ganz geblieben, als sie zur Zeit ihrer Erbauung waren."

„Der größte Theil der Häuser von Pompeii besteht aus einem viereckichten Hof, einer Fontäne in dessen Mitte und vielen kleinen Gemächern, die den Hof umgeben, und worum die Einwohner gegen selbigen gerichtet sind. Aus der Bauart und der Anlage dieser Häuser ist abzunehmen, daß die Einwohner ein eingezogenes Leben hatten; denn sie hatten sehr wenige Fenster gegen die Straße, außer an solchen Or ten, wo es die Lage nicht anders erlaubte, und dann war von sie zu hoch, als daß man sich ihrer zum Hinaussehen hätte bedienen können."

„Alle Häuser waren sich sowohl an Bauart, als an Ausschmückung der Zimmer, einander gleich."

„Die

„Die Gemächer sind durchaus sehr klein, ungefähr zu den bis zwölf Fuß im Maaß, vierzehn bis achtzehn Fuß hoch, und laufen nicht bequem in einander. Sie haben fast sämmtlich keine Fenster, und nur diejenigen sind der Regel nach damit versehen, die gegen die Gärten zu gerichtet sind, und wahrscheinlich für die Frauenzimmer der Familie waren.„

„Ihre Höfe waren beynah immer mit einem Porticus umgeben, sogar in den kleinsten Häusern. Ihre bedeckten Galerien dienten vermuthlich zur Beschattung und Kühlung. Nur zu den Fenstern und Thüren ward Zimmerholz gebraucht; Mosaik deckte die Fußböden und es war allgemein herrschender Geschmack, die Plafonds und die Wände mit kleinen Figuren und Medaillons in Basrelief zu bemalen. Die Alten waren nicht ohne Verdienst in Ansehung eines lebhaften Kolorits, der Auswahl und Feinheit der Erzierungen, und diese zeugen gewiß von ihrem Geschmack und von ihrer Geschicklichkeit. Ihre Häuser waren nie über zwey, höchstens drey Stockwerke hoch.„ Account of the discoveries at Pompeii by Sir William Hamilton, p. 7. 8.*)

Die

*) Die Wohngebäude der Alten waren sehr von den unsrigen verschieden in der Anlage, in dem äußern Ansehen, in der innern Eintheilung, in der Konstruktion. Wir suchen bey der Anlage unserer Wohngebäude, sey es in der Höhe oder in der Tiefe, immer, wo möglich, ein gleiches, ebenes Souterrain; die Alten hin-

Der Eingang des Landhauses hatte die Richtung gegen eine Querstraße, auf welcher man noch die Gestalt der Hufeisenwerke sah. An diesem Eingange wurden zwey Gerippe gefunden, wovon das eine einen Schlüssel in der einen Hand hielt, und in der andern einen Beutel mit Geld, Perlen und Gemmen angefüllt. Das andere soll, wie man glaubt, ein Kästchen mit Kostbarkeiten, als z. B. Silber- und Bronzegefäßen, getragen haben, welche man ganz nahe bey ihm liegen fand. Vielleicht war dieß der Herr des Hauses und sein Sklave gewesen, welche beyde die Flucht hatten ergriffen, und dasjenige, was ihnen am werthesten war,

bequemer erhielten, wo es sich nur thun ließ, sanfte Abdach-Erhöhungen, dieß sah man in mehreren und an den besten Gebäuden zu Pompeji; und nach den prächtigen Ruinen der römischen Landhäuser am Tivoli besonders, zu Baja, am Cap des Misenum, zu Albano, und aus den Kaisergärten auf dem palatinischen Berge selbst zu urtheilen, scheint diese Anlage, Abhänge zu bauen, bey den Alten allgemein üblich gewesen zu seyn. Sie gewannen dadurch Abwechslungen von Stockwerken, Erhöhungen, Terrassen und Aussichten, ohne benöthigt zu seyn die andern Stockwerke in gerade aufsteigender Linie über einander zu bauen, welches die Construction kostbar machet, ohne die große Beschwerlichkeit von Abtheilungen in die verschiedenen Stockwerke bringen zu können. — Von Stockwerken über einander find an sich zu Pompeji sehr wenige Spuren, obwohl sie sonst in andern Monumenten deutlich vorkommen. In den Gebäuden zu Pompeji auf gleichem Erdreich erbaut, findet sich keine Spur, nur von dem, was man einen Keil nennet. Alles Hau-

sen

war, mit sich hinwegzunehmen wollen; allein sie hatten sich wohl verspätet, und fanden, als sie an die Mauer kamen, diese schon mit Asche verschlossen, die auch sie hier begrub. Der Hof des Hauses hielt vier und vierzig Fuß im Viereck. An beyden Ecken auf der Seite des Einganges waren zwey Gemächer, wovon eines das Getreidebehältniß, das andere der Ort zu seyn schien, wo es ausgedroschen wurde.

Beym Eintritt in den Hof zeigte sich ein offener Vordeck auf sechs Säulen gestützt, und auf beyden Seiten von Mauern umgeben, von denen noch Stämme und Reste gefunden wurden. Bey diesem war ein Bassin befindlich, woran

die

fehn und leben höher oder niedriger zur ebenen Erde. Das Aeußerliche der Wohngebäude konnte daher wenig Ansehen, besonders in kleinen Städten, betrachten. Die Mauer ist gegen die Straße zu simpel, ohne Fenster, oder andere Verzierungen aufgeführet; höchstens waren ein paar Säulen oder Halbsäulen zu beyden Seiten den Eingang, der immer in einem einfachen Thor bestand. Dies gerade von dem Privatleben der Alten, besonders der Wilder, einen sehr klösterlichen Begriff. Bey den Griechen wohnten die Frauen nur im Innersten des Hauses, so wie es jetzt noch bey den Morgenländern gebräuchlich ist. Die Römer betrachteten zwar die Sitten ihrer Frauen mit weniger Strenge; allein sie betrachteten doch die Häuslichkeit immer als die Haupttugend des weiblichen Geschlechts. Diese Begriffe von weiblicher Sittlichkeit mußten allerdings Einfluß auf die Disposition ihrer Wohngebäude haben. Italien und Deutschland, z. B.

die bleyernen Röhren noch auf ihrer Stelle gefunden wurden. Am Ende der Galerie war ein steinernes Gewölbe angebracht, welches, dem Ansehen nach, statt des Kellers diente, weil man darinn noch viele Gefäße von derjenigen Gattung antraf, in welchen die Alten ihren Wein aufbehielten, und weil man wirklich noch Wein, der in eine Art von Versteinerung übergegangen war, in solchen gefunden haben will. Nahe dabey lief ein anderer gewölbter düsterer steinerner Keller mit Stuck bekleidet hinab, der noch gänzlich unversehrt geblieben, aber bis an die Oeffnung des Gewölbes mit Asche angefüllt war.

An der Treppe, die zu diesem Gewölbe führete, lagen sieben weibliche Gerippe, welche ohne Zweifel im Schrecken und in der Verwirrung sich in diesen entfernten Ort des Hauses geflüchtet hatten. Sie hatten sich eine nach der andern in einen Schlupfwinkel bey der Thüre gedrängt, und man fand zugleich mit ihren Beinen das Gepräge und die Form ihrer Leiber, die sich in die Asche eingedrückt und erhalten hatten; man erkannte sogar noch Stücke von ihrer Kleidung. Diese Eindrücke werden im Museo zu Portici aufbewahrt, woselbst unter andern auch der Eindruck einer von ihren Brüsten, nebst den Ringen, Armbändern und Halsketten und Ohrenringen gezeigt wird.

Hamilton bemerkt bey dieser Gelegenheit, daß die Asche mit vielem Wasser vermischt, zu einer Art von Leimen gewor-

geworden sey, und also die nämliche Wirkung hervorge-
b..., welche diejenigen Materien hervorbringen, der
... man sich zu überdecken bedient. In einer solchen Masse
nun fand sich die Weiberbrust abgebildet, und so schön aus-
gebildet, daß sie dem Beobachter nach das Gepräge eines
feinen Gewandes entdeckt. Sie war nur fünf Fuß tief mit
Asche bedeckt; allein es ist zu bewundern, daß sich dieser
Theil vom Jahr 79. an bis hieher erhalten hat, da die Materie, worin sie lag, so zart ist, daß sie auch dem geringsten Eindrucke weichen mußte. Nahe bey diesem Keller lag
eine dunkle Kammer, deren Gebrauch eben so wenig bekannt
ist, als der von fünf andern kleinen Kämmerchen, die ihr
in einer Reihe folgen. Die äußersten davon waren sehr
sorgfältig gemalt, keines aber hatte Fenster. Schon dieß
machte sie sehr dunkel, noch finsterer aber mußte sie die von
ihnen hinlaufende bedeckte Galerie machen.

Auch die zwote Abtheilung, in die man auf einer Treppe am Ende der Galerie hinaufstieg, hatte mehrere größere
und kleinere Gemächer, und hinter ihr lag der große Garten, zu dem gleichfalls eine ansehnliche Treppe führte. Ihr
innerer Hof war mit einem Wasserwerk versehen, und dieses mit Säulen umgeben. Sonderbar ist es, daß in dem ganzen Gebäude der zwoten Abtheilung kein Plätzchen zu sehen
war, welches eigentlich für ein Schlafgemach hätte gehalten werden können, außer eine Art runder Altäre und Gar-

proabe mit dem Fenstern, welche in den Garten giengen, in dem man noch die Abtheilungen und verschiedene Gestalten zu entdeckte, die wahrscheinlich Rosenbildchen gewesen waren.

Diese zweite Abtheilung war die niedlichste, ihre Gemälde waren mit vieler Geschicklichkeit gefertigt, vorzüglich prachtvoll aber die im Hauptzimmer befindlichen. Nahe am obenbeschriebenen Schlafgemach war das Speisezimmer und neben diesem die Speisekammer, aus welcher man in ein Gemach trat, das wohl zu nichts anders, als einem Kleiderzimmer gedient haben konnte, weil man Tücher und Kleidungsstücke daselbst fand. Ein kleiner Hof endlich mit einem abermaligen Bassin versehen und mit Säulen von gezhochem Kalibre geziert, stieß an die Landstraße, und führte zurück in den innern größern Hof, welcher mit dem Thor, das auf diese Landstraße den Ausgang hinaus, versehen war. Man gelangte dahin durch verschiedene Stufen.

Das Angenehmste und Interessanteste, was dieses niedliche Landhaus, das unsern heutigen Sybariten noch zum Muster dienen könnte, in sich hält, ist doch zum Beschluß ein Bade und zum Schwitzbade bestimmt gewesene Zimmer, welches an den Garten angebaut ist. Seine Theile waren, ein Ofen zur Erwärmung des Wassers, eine Kuffe, und neben an befand sich ein Kämmerchen zum Aus- und Ankleiden.

den. Die Art, wie man sich hier zu baden pflegte, ist eigenthümlich. Durch ein Rohr lief das Wasser mitten durch die Mauer in die Kessel, um den da in die Badewanne geleitet zu werden. Ein doppeltes Gemäuer diente zur Beförderung zur Circulation der Luft, und über der Thür war eine Oeffnung angebracht, durch welche der Dampf, wenn er zu stark wurde, hinaus gelassen werden konnte. Eine andere kleine Oeffnung neben der Thür enthielt eine Lampe zur Erleuchtung des Orts, und diente zugleich zur Mittheilung frischer Luft. Eine Glasscheibe verhinderte, daß die nassen Dämpfe das Licht nicht auslöschen konnten, und ein kleines Glasfenster brachte noch mehr Licht in das Badgemach. Zween Kessel waren über einander in der Mauer angebracht, beyde erwärmte ein untergeschobenes Feuer, aber nicht mit gleicher Wärme; das Wasser im untern Kessel ward siedend, das im obern nur lau, und dieses laue Wasser ward von Zeit zu Zeit durch Hülfe einer von einem Kessel in den andern gehenden Pumpe in das siedende herab gepumpt und machte solches zum Baden tüchtig, ohne es ganz kalt werden zu lassen, während daß ein anderer Kanal Wasser aus beyden Kesseln zugleich in die Badewanne leitete. War nun das Holz im Ofen verbrannt; so wurden die Kohlen davon unter einen Heerd geschoben, welcher unter dem Badezimmer hinlief, dessen hoher Fußboden auf kleinen Pfeilern von gebrannten Steinen ruhte. Breite Backsteine liegen über diesen Pfeilern und über diesen Backsteinen eine etliche Zoll die

Ge

Unten von diesem Landhaus ist an öffentlicher Straße ein kleines Grabmahl gefunden worden, dessen ganze Aus-

M 3

daß sich zwischen dieser Doppelwand die Hitze durchziehen konnte. Die Backsteine waren mit Zapfen gegen die Hauptmauer, um dieser absehenden dünnen Wand Gleichheit zu geben; nur durch eine kleine Oeffnung empfing das Zimmer Licht und zog sich die überflüssige Hitze weg. In dem Baderaum stand das warme Bad, das durch eine Oeffnung die Wärme von dessen empfing, dann kam ein Zimmer zur Kühle, oder auch sich lau zu baden. Das dritte Bad stieß von der andern Seite an die Küche. Sehr im dergleichen ist gleichfalls bey der sogenannten Villa — wie oben im Text beschriebene Landhaus — der kleine Garten, welcher sich in einem länglichten Viereck an das Haus anschließt; zu beyden den Seiten sind der Länge nach bedeckte Gänge, und unter sich läuft ein Keller um den ganzen Garten her, der mit der anderseitigen Reinigkeit construirt ist. Man sieht noch viele Weine gebäude von gebranntem Erde davon.

Die Construction ist sehr einfach, die Mauern sind nicht sehr stark und meistens von Backsteinen. Die Zimmer waren theils gewölbt, theils hatten sie Decken von Holz. Die Dächer schei- nen nun aber ganz flach gewesen zu seyn, so wie die heutigen Neapolitanischen. Die Säulen selbst waren nur von Backstein gemauert, mit Stuck überzogen und mit rother oder gelber Farbe, wie der Grund der Mauern angestrichen. Kapitäler und Gebälke sind ohne alle Verzierung, man konnte die Ordnung die einfachste italiänische nennen. Die Wände haben durchaus über dem Backstein noch drey verschiedene Bewürfe, wovon der letzte immer von Marmorstaub war. Dieser letzte Bewurf ward, ehe er ganz trocken war, bald roth, bald gelb oder blau gemalt, und auf diesen Grund malte man dann, war er trocken, erst die erhabensten Verzierungen, Landschaften u. dergl. So findet man ferne

de ein paar Pfosten aufmachten, ein Ehrenzeichen, das vermuthlich seinem Ehrenbürger darauf zu setzen erlaubt worden war. Eine Inschrift giebt zu erkennen, daß Marcus Lucretius Decimdes, Augustale, Felix und Freygelassener

· der

keine Ausstellung, kein Kammerchen, welches nicht selbst auf seine Bestimmung deutete. Hier findet sich im Schlafzimmer Venus im Arm Adams, dort im Putzzimmer die Grazien mit dem Putztuge der Liebesgöttin beschäftigt. In der Küche sieht man gewöhnlich ein Opfer an den Altaren, an dessen Füße sich eine Schlange windet. Ueber dem Brunnen ruht ein Flußgott, und Nymphen gießen Wasser aus ihren Muscheln u. s. w. Es ist zu bedauern, daß so bedeutende Gemälde von ihrem Stellen weggerissen werden mußten, und im Ganzen zu Parceln ihre Bedeutung verlieren. Die Fußböden sind fast durchgängig in Zimmern und Vorsälen von Mosaik, daselbst einfach von Zeichnung. Der Grund von weißen Marmorstiften ist entweder mit Sternen von schwarzen, oder mit andern leichten Verzierungen in gefärbten Marmorstiften eingelegt. So liest man beym Eintritt in das eine Haus, das schöne Wort Salve, welches mit schwarzen Stiften auf dem weißen Grund angebracht ist. In der Mitte der Höfe findet sich manchmal eine Art Wasserbehälter und im Boden derselben (durch ein Kanal manchmal) damit das Regenwasser leichten Abfall habe, und so die Zimmer vor schädlichen Feuchtigkeiten gesichert bleiben. Dieß zusammen, sieht alles sehr seinlich, daselbst einfach, munter und nett. Welcher Abstand von den heutigen Italiänern. — Ich kann mir es nicht versagen, diese angenehme Beschreibung, deren Verfasser Herr H i r t am mehrbesagten Orte ist, hier einzurücken; sie zeugt von der Richtigkeit der im Texte enthaltenen Beobachtungen und giebt dem Lesern überdieß noch manchen schönen Aufschluß.

30

„Die Gemächer sind durchaus sehr klein, ungefähr zehn bis zwölf Fuß im Viereck, vierzehn bis sechzehn Fuß hoch, und laufen nicht bequem in einander. Sie haben fast sämmtlich keine Fenster, und nur diejenigen sind der Regel nach damit versehen, die gegen die Gärten zu gerichtet sind, und wahrscheinlich für die Frauensperfonen bestimmt waren."

„Ihre Höfe waren beynah immer mit einem Porticus umgeben, sogar in den kleinsten Häusern. Ihre bedeckten Galerien dienten vermuthlich zur Beschattung und Kühlung. Nur zu den Fenstern und Thüren ward Zimmerholz gebraucht; Mosaik deckte die Fußböden und es war allgemein herrschender Geschmack, die Plafonds und die Wände in kleinen Figuren und Medaillons in Basrelief zu bemalen. Die Alten waren nicht ohne Verdienst in Anordnung und lebhaften Kolorits, der Auswahl und Feinheit der Verzierungen, und diese zeugen zugleich von ihrem Geschmack und von ihrer Geschicklichkeit. Ihre Häuser waren nie über zwey, höchstens drey Stockwerke hoch." Account of the discoveries at Pompeii by Sir William Hamilton, p. 7. 8°)

Der

<hr/>

*) Die Wohngebäude der Alten waren schieden von mäßigem verschieden in der Anlage, in dem äußern Ansehen, in der innern Eintheilung, in der Trefflichkeit. Die höhen bey der Anlage unserer Wohngebäude, sey es in der Höhe oder in der Tiefe immer, wo möglich, ein gleiches, ebenes Jahroth; die Mauern

Der Eingang des Landhauses hatte die Richtung gegen eine Querstraße, auf welcher man noch die Gleise der Fuhrwerke sieht. In diesem Eingange wurden zwey Gerippe gefunden, wovon das eine einen Schlüssel in der einen Hand hielt, und in der andern einen Beutel mit Geld, Theedosen und Gemmen angefüllt. Das andere soll, wie man glaubt, ein Kästchen mit Kostbarkeiten, als z. B. Silber und Bronzegefäßen, getragen haben, welche man ganz nahe bey ihm liegen fand. Vielleicht war dieß der Herr des Hauses und sein Sklave gewesen, welche beyde die Flucht hatten ergriffen, und dasjenige, was ihnen am werthesten war,

hingegen wählten, wo es sich nur thun ließ, sanfte Abhang Erhöbungen, darf sieht man in mehreren und an den besten Gebäuden zu Pompeja; und nach den prachtvollen Ruinen der römischen Landhäuser in Tivoli besonders, zu Baja, am Cap des Mireno, zu Albano, und von den Kaisergebäuden auf dem palatinischen Berge selbst zu verbreiten, scheint diese Anlage, an Abhänge zu bauen, bey den Alten allgemein üblich gewesen zu seyn. Sie gewannen dadurch Vertheilungen von Stockwerke, Erdböden, Terrassen und Ansichten, ohne benöthiget zu seyn die meiste Stockwerke in gerade aufsteigender Reihe über einander zu bauen, welches die Konstruktion kostbar machet, ohne die große Verschiedenheit von Abtheilungen in die verschiedenen Stockwerke bringen zu können. — Von Stockwerken aber überhaupt finden sich in Pompeja sehr wenige Spuren, obwohl sie sonst in andern Kommunen vielfältig vorkommen. In den Gebäuden zu Pompeja auf gleichem Erdreich erbaut, findet sich keine Spur, nur von dem, was man einen Stock nennet. Dieß haben

fere

war, wie sich hinwegzusetzen wußten; allein sie hatten sich
wohl versehen, und fanden, als sie an die Pforte kamen,
diese schon mit Ästen verschlossen, die auch sie hier begriff.
Der Hof des Hauses hielt vier und vierzig Fuß im Durchschnitt.
In beyden Ecken auf der Seite des Einganges waren zwey
Gemächer, wovon eines das Getraidebehältniß, das andere
er der Ort zu seyn schien, wo es ausgedroschen wurde.

Beym Eintritt in den Hof zeigte sich ein offener Vorhof auf sechs Säulen gesetzt, und auf beyden Seiten
von Bäumen umgeben, von denen noch Stämme und Äste gefunden wurden. Vor diesem war ein Bassin befindlich, wovon

die

frey und lagen höher oder niedriger zur ebenen Erde. Das
Aeußerliche der Wohngebäude konnte dabey wenig Ansehen, besonders in kleinen Städten, verrathen. Die Mauer ist gegen
die Straße zu ganz, ohne Fenster, oder andere Verzierungen
aufgeführt; höchstens zieren ein paar Säulen oder Halbsäulen
zu beyden Seiten den Eingang, der immer in einer einfachen
Thür besteht. Dieß giebt von dem Privatleben der Alten, besonders der Weiber, einen sehr klösterlichen Begriff. Bey den
Griechen wohnten die Frauen nur im Innersten des Hauses,
so wie es jetzt noch bey den Morgenländern gebräuchlich ist.
Die Römer bewachten zwar die Sitten ihrer Frauen mit weniger Strenge; allein sie betrachteten doch die Häuslichkeit immer
als den Hauptzweck des weiblichen Geschlechtes. Diese Begriff-
fe von weiblicher Gemächlichkeit mußten allerdings Einfluß auf die
Einrichtung ihrer Wohngebäude haben. Italien und
Deutschland, z. E.

columnia. Dieses erhebt aus ihrem Grund sich aus dem Bruch der Mosaik, woran noch ihre Gestalt zu sehen ist.

Das Pflaster von Mosaik ist an manchen Orten ganz, an manchen beschädigt, und giebt zu erkennen, daß der Tempel zwo Abtheilungen hatte. Die äusserste war sehr muthlich das Sanctuarium; ein runder und isolirter Altar ist noch übrig und außen ein langer viereckigter Stein, worin auf die Opfer gelegt worden.

Es ist übrigens kein Zweifel, daß dieses Monument alle andern Gebäude von Pompeji an Alterthum übertraf. Seine schwerere, ansehnlichere Construction, und selbst seine Ausmessungen und das, was von den Säulen übrig blieb, prangen von einer edlen Bauart, es hatte etwas majestätisches, glich jenen Tempeln, denen die Gelehrten die Benennung Peripteros beylegten. Der Raum, worauf es stand, hielt ein und neunzig Fuß Länge, zu drey und sechzig Fuß zehn Zoll Breite. Die Säulenordnung war die Dorische, jede betrug drey Fuß sechs Zoll im Durchschnitt; die Höhe ist unbekannt, weil nichts ganzes mehr davon zu sehen ist; aber sie konnte ungefähr sechsmal den Durchmesser in sich haben. [*]

Der

[*] Die Messungen der Dorischen Ordnung, in Absicht auf die Höhe der Säulen, waren selbst bey den Griechen verschieden. Zu Pästum hielt die Höhe den Durchschnitt nur ungefähr fünfmal in sich; aber bis zu achtmal höherer Structur trieben es
die

Der Vorrath, eines Geländer, welches wahrscheinlich
den Kranz umgab, war von gebrannter Erde und mit jener
Masse versehen, die bey den Alten statt der Dachziegel
dienten.

Außerhalb des Tempels stand eine andere halbrunde
Bank von der nämlichen Art, wie diejenigen, welche beym
Stadtthor gefunden wurden, und die Sachsen heißen. Der
Gebrauch solcher Sitze stand vermuthlich jedem Vorübergeh=
enden frey; wiewohl einige mit weniger Wahrscheinlichkeit
behaupten wollen, sie wären zum öffentlichen Austhun der
Polizeyverordnungen bestimmt gewesen.

Das Soldatenhaus zu Pompeji.

Zwischen dem obenbeschriebenen Tempel und dem Tem=
pel der Isis stand ein geräumiges Gebäude, welches ohne
Zweifel sowohl zum Aufenthalt, als für die Waffenübun=
gen der römischen Soldaten bestimmt gewesen ist. Es er=
hielt deswegen die Benennung des Soldatenquartiers. Die=
ses Gebäude litt aus dem Grunde weniger, als andere,
von den Verheerungen des Erdbebens, weil es niedriger
und von einer leichten Bauart war. Die Erfahrung hat
gelehrt, daß Schwere und Höhe der Gebäude sie eher dem
Untergang aussetzt, und Sicilien liefert Beyspiele, daß eben
                                                        die=

Die Römer, und dies hielt man für das beste Ehrenhaus, wel=
ches auch am meisten bedachtet werden.

dieselben Tempel, die in ihrer Klostergröße hätten Schutz finden sollen, am ersten dem Einsturz untergeworfen waren.

Die meisten Häuser von Pompeii hatten es eben ihrer leichtern Bauart und Niedrigkeit zu danken, daß sie unter den Ruinen unbeschädiget geblieben waren.

Im Soldatenquartier fand man beynahe alle Wände unbeschädigt und alle Säulen ganz.

Die Gestalt desselben ist ein länglicher, mit Säulen und einer bedeckten Galerie umgebener Plaß. Diese Galerie hatte Gemeinschaft mit mehrern Gemächern oder Zellen, welche rings umher liefen, und vermuthlich die Soldatenstöcke waren. Der inwendig befindliche, wahrscheinlich zum Exerciren bestimmte Hof ist drey und zwanzig Klaftern einen Fuß und zehn Zoll lang, siebzehn Klaftern einen Fuß fünf Zoll breit.

Die Säulen von Dorischer Ordnung und ohne Gestelle sind elf Fuß hoch und achtzehn Zoll dicke, und die Gasserie zwischen der Kolonade und der Mauer hat dreyzehn Fuß sieben Zoll Breite. Sie diente zum Spazierplaße und zugleich zur Bedeckung der Zellen, wovon immer vier Mann, wie man glaubt, eine bewohnt haben; man schließt dieses daher, weil jede vier Armaturen enthielt. Diese Zellen waren einander an Größe nicht gleich; allein alle waren sehr klein, mit Stuck bekleidet, mit Arabesken bemalt und mit

Me-

Verfall gerettet. Eine Thür mit zween Flügeln schloß sie und öfnete sich, wie man noch aus den Schwellen abnehmen kann, demnächst. Doch= und Oberschwellen sind zerstört.

Solche Stöcke liefen durch zwo Etagen, und die von der zwoten erhielten durch eine kleine hängende Galerie Gemeinschaft, von der noch das Gebälke vorhanden ist. Nur die Thüre, oder ein Luftloch von oben gab ihnen die nöthige Erhellung. Eine sehr gewöhnliche Art der Römer, ihren Zimmern Licht zu verschaffen; weil Fenster bey ihnen zu den ungewöhnlichen Theilen der Gebäude gehörten; ob gleich entschieden ist, daß sie Glasscheiben kannten, wovon auch das Landhaus zu Pompeii einen Beweis liefert.

Die Größe zwoer Wasserrüstungen und die Schwere der Helme, die man in einem von den Gemächern fand, haben zu der Vermuthung Anlaß gegeben, daß es blos zur Zierde errichtete Trophäen gewesen seyn müssen; allein die Bekleidung derselben mit Tuch giebt auf der andern Seite Einlaß zu glauben, daß sie würklich zum Gebrauch gedient haben.

Unter den übrigen vielen Waffen ist, nach Herrn Hamiltons Erzählung, auch ein Helm befindlich, auf welchem die Belagerung Troja's eingegraben ist. Diese Helme war von den Helmen unserer alten Krieger sehr ähnlich, und so wie diese mit Röhren oder Gittern versehen. Auch eine sehr

 schö

sonderbare gebogene drystorne. Trompete ward daselbst gefunden. Gleich am untern Theil derselben vereinigte allerhand enge Röhren liefen in der Hauptmündung zusammen, sie waren mit keinen Fingerlöchern versehen; aber der verschiedenen Dicke, ihre eben der wegen verschiedenen Töne machten, vereinigt mit dem Schall der Trompete selbst, einen sehr hellen kriegerischen Ton von sich geben; nur mögen sie etwas einfach gelautet haben. Eine noch daran befestigte Latte von Erz diente vermuthlich dazu, um sie über die Schulter zu hängen.

Nettigkeit und Schönheit der Gemälde, der Mosaiken, und Metallischkeit macht hier mit Unbequemlichkeit und Dämmerung einen sonderbaren Wechsel; allein diese Krieger waren wohl, wie, nach den sämmtlichen Gebäuden von Pompeii zu urtheilen, die meisten dasigen Einwohner, mehr auf ihren Terrassen und Galerien, und kehrten nur zur Essenszeit und bey Nacht in ihre geschlossenen Zimmer zurück.

Von den Schlafstellen der Soldaten läßt sich keine Beschreibung geben, denn im ganzen Gebäude war auch nicht eine einzige zu sehen. Sollte daher dieser Ort nicht vielmehr zum Exerziren, zur gymnastischen Uebung, als zum beständigen Aufenthalt bestimmt gewesen seyn? Selbst das Waffengeräthe scheint gemachter hierzu, als zum Kriege; und sonderlich war zu solchem Spiel die lange überdeckte mit Säulen umgebene Arena. *)

Gleit-

*) Herr Piel glaubt das nämliche, und zwar erstlich aus dem sehr erheb-

Größere daselbst befindliche Zimmer scheinen die Wohnung des Kommandanten gewesen zu seyn, weil man außer ihnen die Gerippe einiger Sklaven und eines Pferdes gefunden hat, welches mit kostbaren Effekten, Stoffen und Kleidern beladen war, die man ohne Zweifel zu retten gesucht hatte. Einige Schritte weiter zeigte sich ein Portal mit Säulen gezieret und mit einem sehr schönen Kapital versehen, welches vermuthlich die Schloßpforte war. Ganz nahe daran führte eine andere Thüre vier Treppen hoch zu einem Platze, der gleichfalls mit einer bedeckten und auf jeg lichen

erheblichen Grunde, weil im ganzen Gebäude nicht für vierzig Mann Platz war, und zweytens, weil die darinn gefundenen Armaturen, Harnische, Helme, Beinstiefel gar nicht mit den Rüstungen übereinstimmten, die römische Soldaten trugen. Diese Verwahrungen sind alle von Metall, sehr schwer und durch verziert. Eine Tracht, die keinem römischen Soldaten zukam, deren Rüstungen immer sehr rund und schlicht waren.

Herr Bartels im ersten Theile seiner Briefe über Kalabrien und Sizilien aber, zweifelt keinen Augenblick daran, daß es einst wirklich zu einer Festung gehört habe. Die in den Zimmern gefundene Waffen, die hie und da eingehauene Namen der Soldaten und besonders auch die Aehnlichkeit zwischen diesem Quartier und dem in der Villa Hadriani in Tivoli, sind ihm untrügbare Beweise für diese Meynung. Sollte sie die ächte seyn, worüber ich nicht zu entscheiden wage, so möchte wenigstens die Besatzung von Pompeji ganz einer Landstadt angemessen, sehr klein gewesen seyn, und etwa nur aus einem Trommeter, einer römischen Wache bestanden haben.

ß.

R

nischen Säulen ruhenden Galerie umgeben gewesen ist. Die
überall abwechselnd angebrachte rothe, gelbe und grüne Farbe
an den Säulen, und die schwache bis zur Hälfte reichende
Farbe derselben geben einen sehr üblen Geschmack des
Artists oder Profanfeld zu erkennen, der dieses Gebäude
aufgeführet hatte, oder sie zeugen vielmehr überhaupt von
der Unwissenheit der Römer, wenn sie sich bis zur griechischen Baukunst verirrten.

Zur Rechten ist der Eingang eines kleinen Theaters
zu sehen, welches bedeckt gewesen seyn soll. Man sieht
nichts, als die Stufen, welche dahin führen, das übrige
liegt noch im Schutte bedeckt. Kenner wollen dieses kleine
Theater für ein Odeon gehalten wissen, welche Art von
Schauspielhäusern bloß für die Uebungen des Gesangs und
der Declamation bestimmt gewesen sind, weswegen sie auch
kleiner und geschloßner seyn mußten. *)

An

---

*) Die Entdeckung dieses kleinen Theaters würde, wie Herr Hirt
sehr richtig urtheilt, um so verdienstvoller, um so schätzbarer
seyn, weil sie uns von jener Art von Gebäuden, wovon wir die
jetzt keinen deutlichen Begriff haben, mehr Aufschluß verschaffen, und man indeßen Construktion des Kunstgriffs ausspüren
würde, welche die Alten zur harmonischen Unterstützung des
Schalles berechnet hatten. Die Formation des Daches selbst
über ein solches Gebäude, es möchte von Holz oder von Cement
seyn, wäre höchst interessant.

He.

In einer Schildwand dieser Oeron und des daran
stosenden grösten Theaters ist folgende Inschrift gefunden
worden.

Q. QVINCTIVS. C. F. VAL.
M. PORCIVS. M. F.
DVO VIR. DEC. DECR.
THEATRVM TECTVM.
FAC. LOCAR. IDEMQ. PROBAR.

Zur Linken der Pforte des Soldatenquartiers stehen
fünf kleine Abtheilungen, in deren einer eine Handmühle
gefunden worden ist *) und von denen eine andere für das
Gefängniß oder Stockhaus gehalten wird, woselbst die Soldaten in Eisen gelegt wurden.

Nach der Form der Eisen zu urtheilen, schlossen sie
nur die Füße ein und zwar so, daß diese auf einem Holze
lagen, über welches das Eisen hinlief, und woran es mit
starken Nägeln bevestigt wurde. Diese Meynung erhält vorzüglich dadurch Gewicht, daß man noch verschiedene Geripp-
pe in einer Reihe liegend daselbst antraf. Unglückliche Geschöpfe, die im allgemeinen Schrecken vergessen, sich nicht,
gleich vielen der übrigen Einwohner, hatten retten können.

R 2 Eine

---

*) Diese Handmühle gleicht fast unsern Kaffeemühlen; sie ist aus
einem rauchfarbigen Stein verfertet, welcher gerade so viel
Schärfe hat, um das vermahlne Getreide zu bohren. Ihre
Höhe beträgt 2 Fuß 7 Zoll, 6 Strich und 22 Zoll hat sie im
Umfang.

Eine Bemerkung des Herrn Hamilton darf hier nicht übergangen werden, nämlich diese: „Alle Köpfe der zu Pompeji gefundenen Scraper sind mit ganz besonders wohl erhaltenen Zähnen versehen gewesen, ein Vorzug, den die Alten, wie er glaubt, dadurch vor uns voraus haben, daß sie weder den Zucker, noch seinen Gebrauch kannten.

Die Ueberbleibsel dieses ganzen Gebäudes geben übrigens nicht undeutlich zu erkennen, daß es einen Theil des Theaters ausgemacht und diesem als Periskonium zugleich gedient haben müsse. Die beygefügte Abbildung giebt einen deutlichen Begriff von der Form der Ruine und ihrer Lage, so wie von dem gegenwärtigen Zustand der Entdeckung und der Menge Erdreichs, womit jene antiken Gebäude zum Theil noch überschüttet sind. Die Gebürge im Hintergrund sind ein Stück der Apeninen, welche an die Spitze des Cap Minerva stoßen.

Das Proscenium des ebenberührten Theaters ist größtentheils ausgegraben und scheint dem Herkulanischen an Gestalt ziemlich gleich zu kommen. Der bedeckte Gang, welcher dasselbe umgab und worselbst die Vomitoria angebracht waren, liegt gleichfalls größtentheils offen da. Wie sehr wäre zu wünschen, daß auch diese kostbaren Reste der Vorzeit endlich ganz aus Schutt und Grand hervorgezogen würden.

Die Stadt Pompeji muß durchaus auf einem sehr ungleichen Boden erbaut gewesen seyn, dieses läßt sich aus der

Bauart

Dauert ihrer Häuser abnehmen. Vielleicht gab der Krater
eines ausgebrannten Vulkans selbst den Boden zu ihrer
Grundlage ab, oder vielleicht hat sie wenigstens unterirdi=
sche Gemeinschaft mit dem Vesuv gehabt; denn noch jetzt ist
der Keller, den man auf der Terrasse eines kleinen Hauses
fand, mit einer so erstickenden Mofeta erfüllt, daß man sich
beym Eintritt in selbigen wohl vorzusehen hat. *)

In eben diesem Keller lag, bey der Entdeckung dessel=
ben, ein Gerippe ausgestreckt neben einer großen Schüssel
und nahe an einem Ofen, welcher zwey Badezimmer und
eine dunkle, nur durch eine Oeffnung an der Decke erhellte
Rotunda zugleich heitzte.

Der Ort hat für den Naturforscher, so wie für den
Alterthumskenner, ungemein viel wichtiges und eine voll=
kommen nach der Natur gefertigte Abbildung desselben steht
hier zur Seite.

Das Gefäß, neben welchem auf einem Aschenhäufel
das Gerippe liegt, hält drey und einen halben Fuß im Durch=
schnitt und scheint zur Badewanne gedient zu haben. Diese
Elende, denn es ist ein weibliches Gerippe, muß wahr=
scheinlich gleich vielen andern ein Opfer des im Jahre 79.
sich ereigneten Unfalls geworden seyn, weil sich ihre Gebeine
bis jetzt an demselben Orte erhalten haben. Platz und Lage
zeugt von ihrem plötzlichen Umsturz, welcher ohne Zweifel
durch schnelles Ersticken bewirkt worden ist.

N 3

Bild

*) Mofeta, eine giftige Ausdünstung.

Blos dem Rath und der Bitte des Herrn Hamiltons haben es Fremde zu verdanken, daß sie dieses merkwürdige Gerippe noch an dem nämlichen Orte, noch in der nämlichen Lage finden, in welcher es entdeckt wurde. Hier erhalten, macht es auf den Reisenden einen ganz besondern Eindruck, hinweggeschafft, würde es an jedem andern Orte seine Wirkung verlieren.

Hätte man doch gleiche Grundsätze auch vor der Hinwegnahme der übrigen Reichthümer dieser merkwürdigen Stadt beobachtet, hätte man seine Inschriften, seine Gemählde, Statuen, Säulen und andere Seltenheiten da gelassen, wo man sie fand. Sie erhielten im Museum zu Portici mehr oder mindern Werth; an Ort und Stelle wäre ihre Wichtigkeit unschätzbar geblieben.

Noch gegenwärtig herrscht an jenem Orte verpestische Luft und oft ist selbst der Eintritt dahin gefährlich. *) Inzwischen ist sie auch zu gewissen Zeiten minder bemerkbar, und man kann hieraus und aus den Wirkungen der Hundsgrotte die Bemerkung ziehen, daß solche schädliche Ausdünstungen gewissen Veränderungen unterworfen sind, die entweder von der mehr oder weniger ansteckenden Luftumgebung, oder wohl selbst von der Beschaffenheit der nahen und mit jenen Orten in Verbindung stehenden Feuerberge herrühren.

*) Man versicherte uns, daß ein unglücklicher Franzose, welcher von einem gewissen Bedürfniß getrieben, ohne Gefahr zu ahnden hineingestiegen war, die traurige Erfahrung davon gemacht habe. Als wir returnirten, war sie ganz gelinde und erhob sich nur anderthalb Fuß über die Erde; ich fand sie, als ich mich bückte, scharf und erstickend.

Anzeige einiger untergelaufener Fehler.

Seite 17. Z. 17. für Campanischen.
— 48. — 25. — chirurgisches.
— 61. — 26. — augustum.
— 82. — 24. — Giallo.
— 138. — 4. — Colisium und Coloseum.
— 142. — 22. — politi.
— 145. — 2. — Rhodische.
— 161. — 24. — Gard.
— 171. — 14. — Sebastians.
— 182. — 4. — Diomedes.
— 184. — 23. — Theatermasken.
